片づけが楽しくなる

無印良品でつくる子ども空間

マスターライフオーガナイザー
吉川圭子 監修

「自分でできる」
＋
「自由な発想」
＝
子どもが伸びる

子どもと一緒に暮らす生活の中で、
子どもの自由な発想に
驚かされることはありませんか。

例えばおもちゃ一つをとってみても、
奇想天外な遊び方をしていたり、
大人には「空」に見えるものを「海」に見立てたり。
どこまでも自由です。

なんの縛りもなく自由に発想する子どもの感性。
大切に大切に、育みたいものです。

子どもの自由な感性を育むために大事なのは
成長に合ったものを選ぶことと、
のびのびと遊べる空間づくり。

無印良品の機能的なアイテムの数々は
組み合わせやすく、
すっきりとした空間づくりに一役買うものばかりです。

「自分でできる」を
お手伝いしてくれる
無印良品のアイテム

無印良品の子ども用アイテムは
子どもが「自分でできる」よう
工夫されているのがうれしいところ。

子育て中のお母さんの声から生まれた
「お着替えパジャマ」や
子どもが思う存分つくることを楽しめる
「じぶんでつくる」シリーズなど
シンプルながら子どもの成長に
一役買いそうなものばかり。

「自分でできる」が
子どもの自信となり、
自立へとつながっていきます。

シンプルさから、
子どもの可能性を引き出す。

また、おもちゃは着色されていないものが中心。
それは万が一、口に入れてしまっても
大丈夫という安心感とともに、
子どもの自由な発想を育むためかもしれません。
シンプルだからこそ、自分でできる。
シンプルだからこそ、想像力が膨らむ。
無印良品がある日常の積み重ねに、
子どもが伸びていくヒントが隠されていそうです。

もくじ

4 無印良品でできる子どものお手伝い

みんなのお悩みQ&A

1

子どもが伸びる部屋づくり

子どもは散らかすのが大好き。でも、雑然と散らかっている部屋だと
子どもはいろいろなものに気をとられ、目の前のことに集中できません。
すっきりと片づいている部屋は子どもの可能性を伸ばす上でとても大事。
遊ぶ時間はおもちゃを目一杯広げて遊び、遊び終わったらきちんと
自分で片づける習慣をつけることが、子どもの成長のカギです。

大人のちょっとした工夫や働きかけで、子どもは自ら片づける習慣が
身についていくもの。ここではマスターライフオーガナイザーの
吉川圭子さんが、子どもが片づけ上手になるためのヒントを解説します。

部屋が片づいていると子どもは伸びる

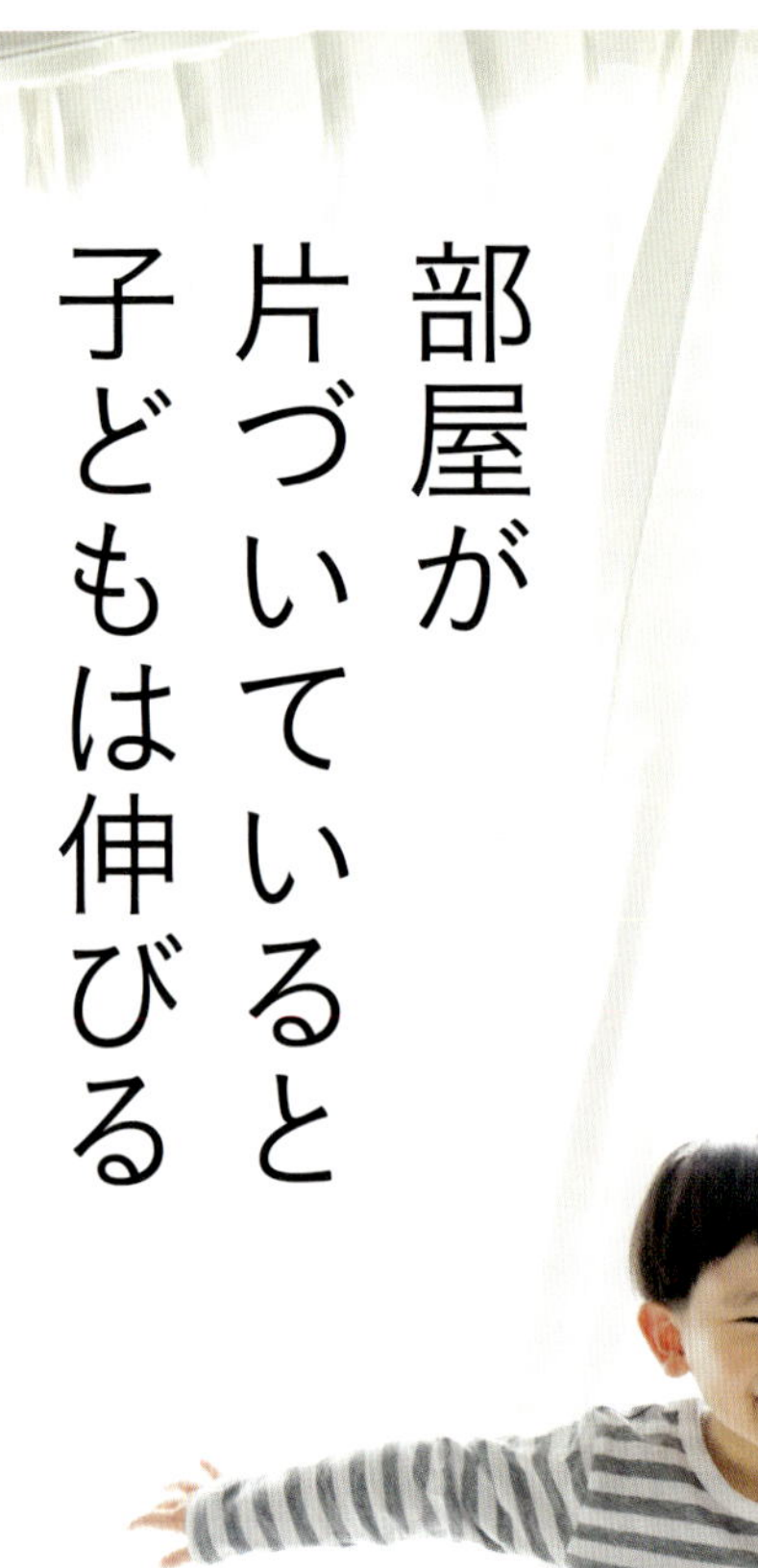

片づいていると「やりたいこと」が「やりたいとき」に思いっきりできる

片づいている部屋は、
「やりたいとき」に「やりたいこと」が
自由にできます。散らかった部屋では、
やりたいことがすぐできず、
子どもの好奇心と集中力をそいでしまいます。
遊びたいときは思いっきり遊べる。
本を読みたいときはじっくり読める。
片づいている環境は、暮らしの中で
子どもの成長をあと押ししてくれるのです。

片づけは
「自分のことは自分で」
できる子になる第一歩！

「片づけ」は、使ったものを元の場所にしまうことですが、
大事なのは自分が使ったものを“自分で”しまうこと。
つまり、自分がしたことに責任を持つことです。
それが自立への第一歩につながります。
でも、小さいうちはまだうまく片づけることができません。
部屋が片づいた状態にしておく。
元に戻しやすい環境をつくってあげるなどして、
子どもが自分でできることを増やしていってあげましょう。

片づけできる子にするために

子どもを知ろう

ZOOM UP!

「子どもは大人と同じようにはできない」と頭ではわかっていても、ついつい大人と同じレベルを求めてしまうことはありませんか。当然ですが子どもと大人は違います。自分で片づけられる子になってほしいなら、まず子どもを理解することから始めましょう。

子どもは体も心もまだまだ成長途中です。成長段階によって何ができて何が難しいのかを知り、子どもができることを一緒に実践していきます。

子どもは実は……

「片づけなさい」ではわからない

「片づけなさい！」としかるだけでは無意味

子どもの年齢によっては「片づけ」という言葉が何を指しているのかわかりません。そもそも「片づけ」という日本語はとてもあいまい。似たような表現で「きちんとしなさい」がありますが、共通しているのが『どんな状態を指すのか人によって受け取り方が違う』ということです。

生まれたときから自然と「片づけ」を理解している子どもなんていません。片づけに限らず、教えてもらっていないことはできるわけがありませんから、片づいた状態がどんな状態か言葉で説明したり、目で見てわかるようにしたりして、どうすればよいのかを具体的に教えることが必要です。

あいまいな指示では、
何をしたらよいのか
わからない。

⬇

見てわかるようにする

片づいた状態の部屋を写真に撮るなどして
片づいているとはどんなことなのか
わかりやすく伝える。

具体的に伝える

何をすればよいか
具体的に教えてあげると、
子どもは自分でできる。

この箱に
しまおうね

遊び終わったら
元の場所に
戻そうね

子どもは視野がせまいことを理解して

「ものを見る力」も大人と子どもでは違います。片づけにとくに関係するのは視野の広さで、子どもの視野は大人に比べてせまいといわれます。左右の視野に至っては大人が１５０度ほどなのに対し、子どもの場合、年齢によっては90度程度。そのうえ子どもは目線が低く、部屋全体を見下ろすことができません。

子どもが部屋を片づけたあと、大人が見るとまだあちこちにものが散らばっていることがありませんか？ 「ちゃんとよく見て！ まだ残ってるよ！」と言いがちですが、実は子どもにとってはきちんと見たつもりなのです。

こんなときは頭ごなしにしからず、「こっちも見てごらん」と子どもの視線を動かすよう声をかけてみてください。

また、片づけが終わったら、最後に部屋中を見渡して確認することを教えてもよいでしょう。「なぜ片づけられないの？」と無駄にイライラすることも少なくなります。

子どもが気づけるように
誘導してあげましょう

部屋を見渡して確認させる

声をかけて注意を向けさせる

実は子どもは…

こんな動作がちょっと苦手

やりがちな大人目線の収納
子どもにとっては
片づけにくい場合も

一見整然としている収納。でも、子どもの成長段階によっては、難しいと感じる動作が含まれる場合がある。

本棚に本を戻す

本棚に入った重たい本を支えながら本を戻す動作は、子どもには難しい。

腕の力が弱く、手先の動きも成長途中

本棚に本を戻すときにする、片方の手で押さえながらもう片方の手で本を戻す動作。大人なら難なくできますが、子どもは左右別々の動作をするのが意外と難しいもの。筋力も弱いため、本を押さえるのも大変です。そんなときは、片方の手の代わりになるものを取り入れましょう。ブックエンドを多めに設置し、手の代わりに本を押さえる役目をしてもらうだけでも、出し入れの負担が少なくなります。

また、引き出しを引く、ふたを開けるといった動作も、大人のようにスムーズにできない場合もあります。そこで、どの年齢にも片づけやすいオープン棚＋かごにざっくり収納がおすすめです。子どもの負担が減るよう、ワンアクションで片づけやすい収納方法を見つけましょう。

ふたを開ける

指をかけづらかったり、開けるのにコツが必要だったりするふたはNG。

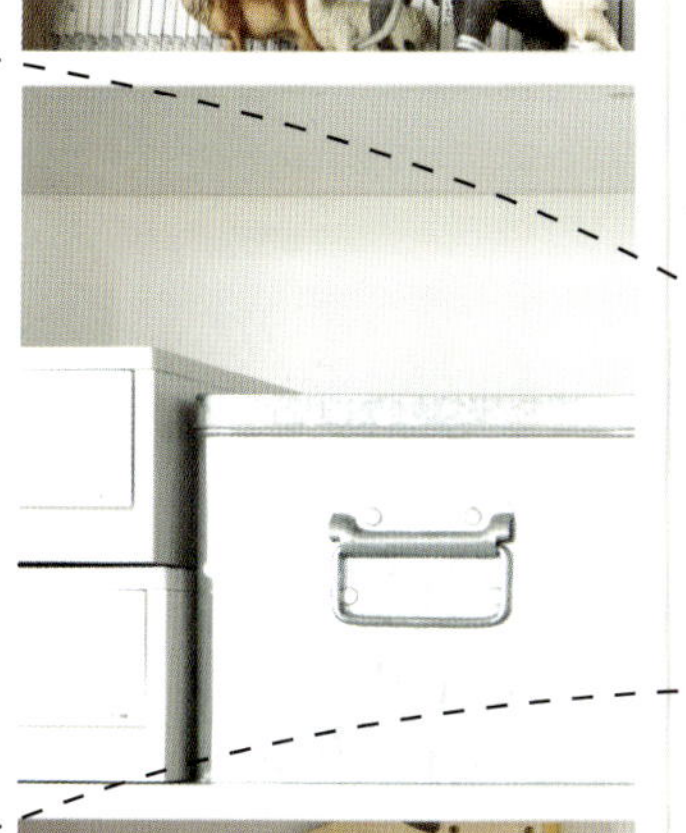

引き出しを開ける

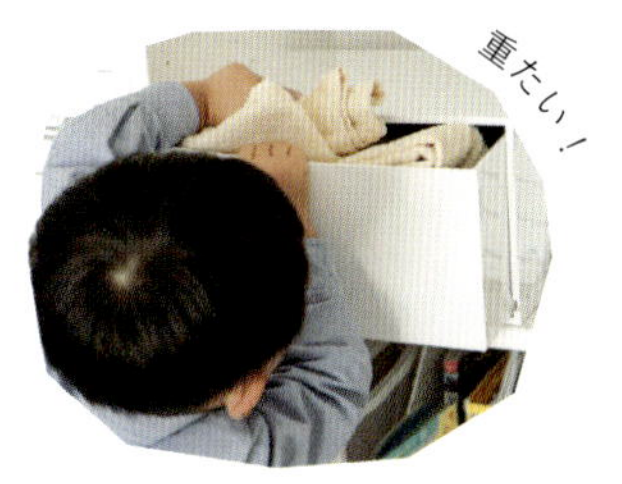

ものがぎゅうぎゅうに詰まっていたり、重たかったりする引き出しは開けづらい。

自分でしまえるようにするには……

ワンアクションで ざっと入れるだけ

ボックスなどに放り込むだけだから、子どもでも簡単に片づけられる！

戻しやすいように 補助アイテムをうまく使う

片方の手の代わりになるようブックエンドを多めに使うなど、弱い筋力をサポートして子どもでも戻しやすく。

実は子どもは…

集中力が続くのは10〜15分

ほんとにそれしか続かない？

実験してみました

はじめは片づけのスピードにも勢いがある。

10分経過。片づかずに飽きてきた。

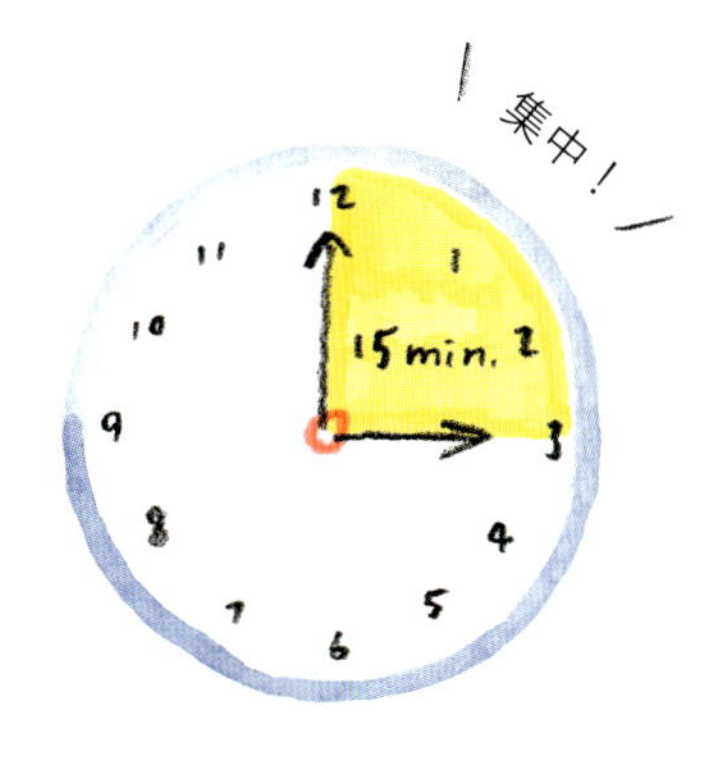

子どもの集中力を考えて

子どもは好きなことなら長時間でも集中して取り組めますが、そうではないことは集中が切れるのが早いものです。集中力が高まるよう楽しく片づけられる雰囲気づくりも大事ですし、集中力が続く範囲で片づけられる工夫も必要です。

10〜15分以内を目安に片づけが終わるのがベストです。30分以上かかる場合は、もうちょっと短い時間ですむ工夫をしましょう。

とうとう飽きてしまい、逃亡！

片づけに30分以上かかる場合は…

収納方法を見直す

子どもが目で見て直感的にわかる収納方法にする

1ボックスに1ジャンル＋ラベルでわかりやすく。

収納の量を見直す

ボックス○個分など、範囲を決める

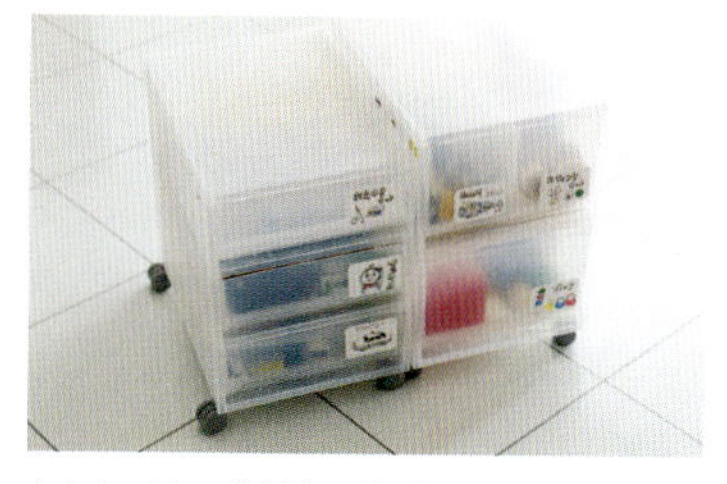

おもちゃは15分以内で片づけられる量に。

片づけサイクルを見直す

片づけの間隔を短くして、こまめに片づけする

タイマーを使うとサイクルがつくりやすい。

子どもが自分で片づけたくなる

環境づくりの5つのコツ

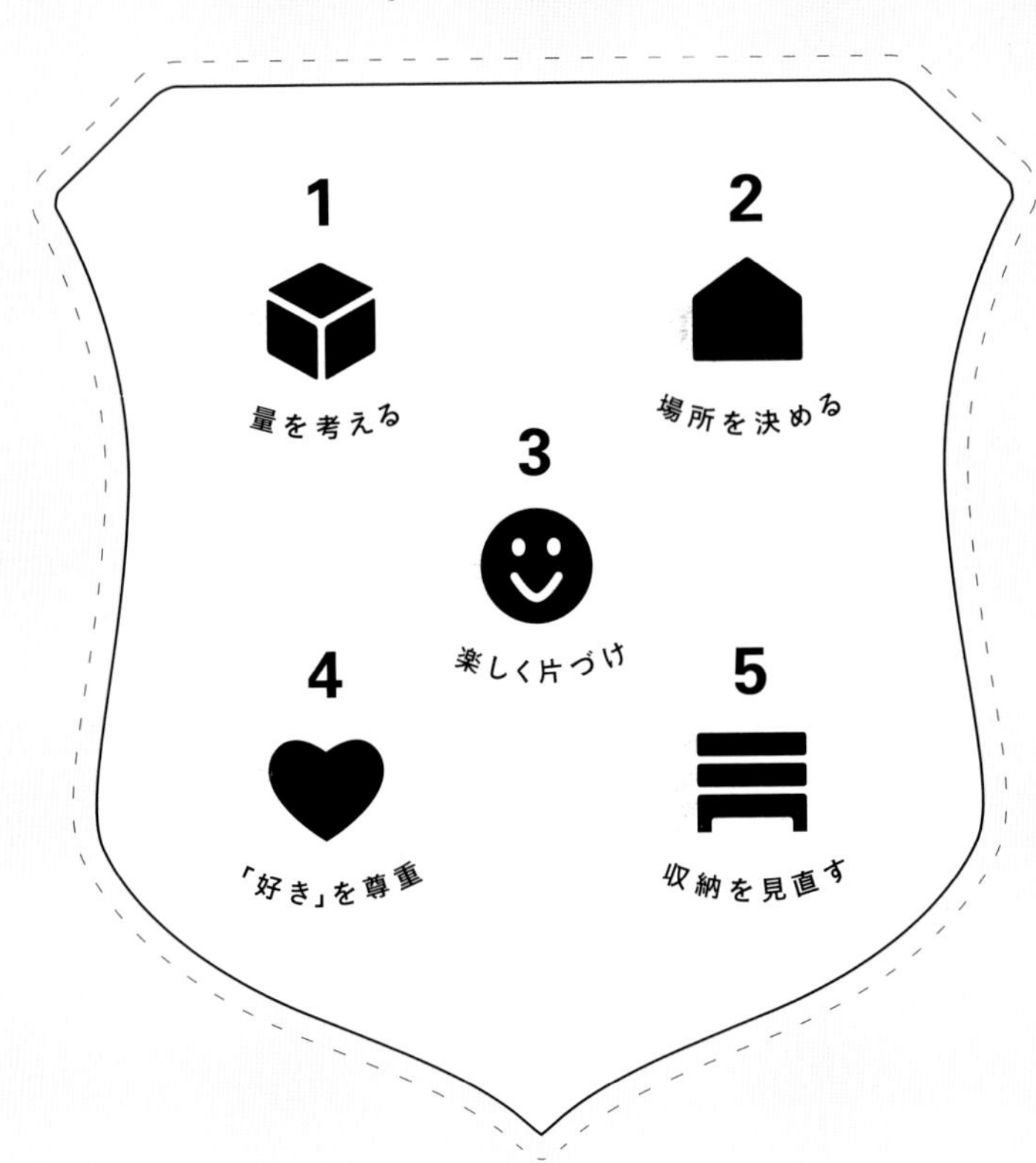

子どもの片づけで大事なのは、「簡単にできる」こと。片づけに必要なのは能力でもセンスでもなく、習慣になっているか、なっていないかです。習慣づけるには、できるだけ「簡単にできる」やり方であることがポイントになります。そのためには大人がきちんと環境を整えてあげることが大切です。

子どもが片づけやすい環境を整える〝5つのコツ〟をご紹介します。

コツ

1 子どもが片づけられる量を考える

ものを把握できる量には個人差があります。子どもが遊んだり片づけたりする様子を見て、「多すぎる」と感じるなら、その子に合った量に調節しましょう。量の調節＝捨てるということではありません。普段目につかない場所にいったん保管するなど、子どもが「目にする場所」の量を調整します。その際、子ども自身に「遊ぶもの」「いまは遊ばないもの」を選ばせるのもよいでしょう。

また、19ページでも説明した通り、子ども自身が「15分以内で片づけられる」ことが、量を考える大きな目安となります。よく観察しながら、おもちゃの量を決めていきましょう。

片づけられる量を見極める

最近遊んでいないおもちゃは、「いまは遊ばない」だけでなく「量が多すぎて把握できていない」のかも。

「15分で片づけられる」量が目安！

まずは子どもの「見える場所」を整理する。本当に不要だと判断した時点で処分すればOK。

多すぎる分は目につかない場所に移動するか処分する

コツ2 しまう場所を決めておく

まずは
家を決める
↓
次に
表札をつける

人には帰る家があるように、ものにも戻るべき場所があります。ものの住所が決まっていないと、出しっぱなしや、とりあえず置いておくものが増えていきます。まずは、しまう場所をしっかり決め、必要に応じて表札の役目を果たすラベルをつけましょう。しまう場所が決められないものは、ちょっとの期間置いておく仮住まいをつくっておくのもおすすめです。

しまう場所が決まったら、「出したら元の場所に戻す」を習慣づけます。習慣づけには、環境を整えることと繰り返し行うことがポイントです。できるようになるまでは、大人が根気よく声をかけていきましょう。

新しく何か買うとき

買う前に、しまう場所を相談する

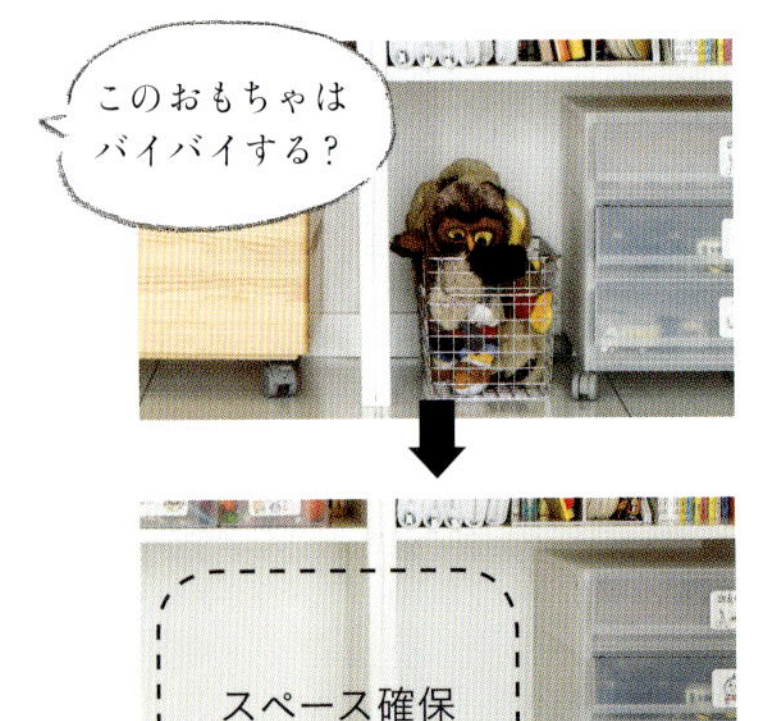

子どものほしいものを買う前に、しまう場所を子どもと一緒に決めておく。

住所が決められないもの

仮住まいをつくる

「箱いっぱいになったら整理する」などのルールをきちんと決めておく。

コツ

3

楽しく 片づけできる工夫をする

片づけが楽しいことと記憶されるか、楽しくないことと記憶されるかは、大人の演出にかかっています。ですから「なんだかおもしろそう」と子どもに思わせるのが大切です。一緒に歌を歌いながら片づけをするのもよいでしょう。音楽をかけて「この音楽が終わるまでに片づけよう！」と、ゲーム感覚でやるのもよいですね。

そして、片づけが終わったら「すっきりしたね」「気持ちいいね」と声に出して子どもに伝えるようにします。楽しく習慣づけるために、片づけがよいイメージで終わるよう心がけましょう。罰ゲームのような悪いイメージを持たせることは避けたいです。

この曲が終わるまでに片づけよう！

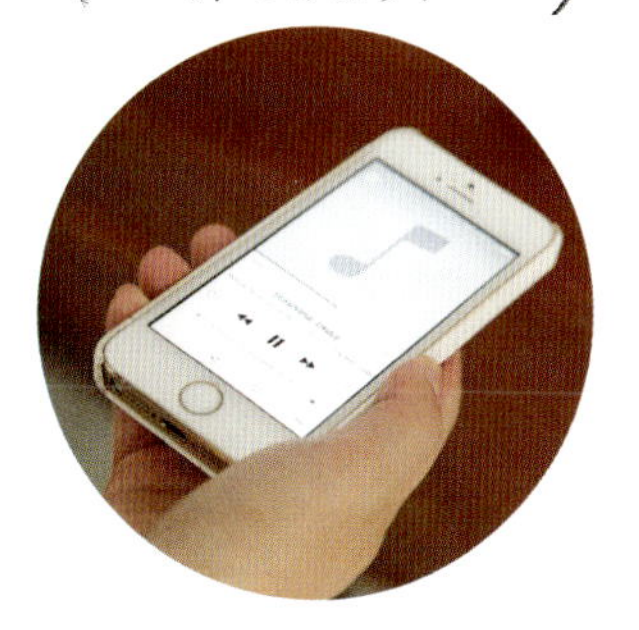

すっきりしたね！

コツ

4 子どもの好きを尊重する♥

子どもは正直な生き物。つまらないことや好きじゃないことはやりたくありません。ですから、できる範囲で子どもの「好き」を取り入れてみましょう。

例えば収納用品を買うとき。大きなものは難しいかもしれませんが、小さなものなら子どもに選ばせてみてもよいかもしれません。自分で選んだものは「自分のもの」という自覚が生まれやすくなり、自分で管理をする意識につながります。

自分でやりたいタイプのお子さんなら、思い切って好きなように収納方法を決めさせてみてもよいですね。うまくいかなければ、よりよい方法を一緒に考えて修正していきます。

収納方法を自分で決めさせてみる
おもちゃをどうやって分けるか、どうやって収納するかなどを、子どもと相談しながら進めてみてもよい。子どもなりのアイデアに驚かされるかも。

小さな収納用品は自分で選ばせてみる
好きな色や形など、子どもの意見を聞きながら選択肢を一緒に考え、最終的に選ばせてみるだけでも効果的。

コツ

5 成長とともに収納を見直す

持ち物を点検することで、自分にとって必要なものを選ぶ力が育まれる。

処分するときは子どもの気持ちを尊重して!

子どもが納得できたら「おもちゃにバイバイ」

「もう処分して大丈夫」と子ども自身がしっかり納得できたときが、本当に手放すとき。

たまにしか使わないけど残しておきたいものもある!

赤ちゃん時代のおもちゃも、思い出として捨てたくない子もいる。

小さい頃は大きめのおもちゃが多いですが、成長にともなって小さなものが増えていきます。持ち物が変わったら収納方法を見直すことも「片づけ力」をつけるために必要です。例えば、衣替えを一緒にするのがおすすめ。節目節目で持ち物を点検する習慣も教えていきたいですね。

また、スペース上どうしても手放さなければいけない場合は、子どもの気持ちをできるだけ尊重しましょう。その子なりに折り合いをつけて手放すことを学ぶチャンスです。納得して手放す経験を重ねることで、少しずつものとのかかわり方に対する価値観もつくられます。

⬅こちらも参考に!
おもちゃを上手に捨てるコツ —— P. 47

片づけできる子にするための

STEP UP! LIST

〈ステップアップリスト〉

STEP 1

大人が
やってみせる

やり方を知らなければ片づけはできません。まずは実際に大人が片づけを見せて、使ったあとに元の場所に戻すことや、片づけのやり方を教えていきます。

大人が片づけをやって子どもに見せる

子どもにマネをさせる

STEP 2

声をかけて
一緒にやる

ある程度片づけのやり方が伝わったと感じたら、次は声をかけてから一緒にやります。声をかけることで、いまから「片づけをする」という意識を持ってもらいます。

片づける前に声をかける

歌を歌ったり、会話をしたりしながら、楽しい雰囲気で一緒に片づける

子どもの「好き」を尊重して楽しく

手順をふむことで
ぐっと身につきやすくなります

すぐにできなくても大丈夫!
前のステップに戻ってもOK!

STEP 3

声をかけて
自分でやらせる

一人でも片づけができそうになったら、声をかけて子ども一人でできるよう見守ります。このステップに一番時間がかかりますが、適宜、前のステップに戻りながら焦らずに進めます。

声をかけてもなかなかやらないときは……

STEP 4

声をかけずに
見守る

自分で考え、自分から行動できるようになるのがゴールです。成長とともにものが増えたら、片づける場所や片づけ方を改めて教えることを忘れずに。

入園や入学などでものが増えたら

片づけしやすい！ 部屋にもなじむ！

子どもグッズの収納に便利な無印良品アイテム

おもちゃ

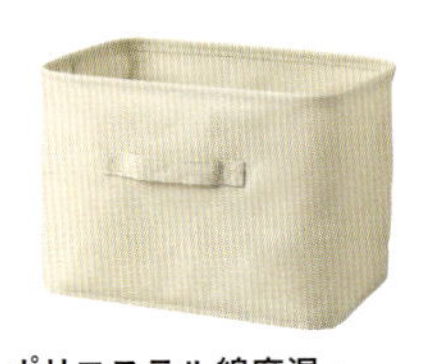

軽くて扱いやすい

ポリエステル綿麻混・ソフトボックスシリーズ
形違い・サイズ展開あり
[P. 122-17～21]

➡ 使用例 P. 53、71、77、87

インテリアにもなじみやすい

重なるラタン収納シリーズ
形違い・サイズ展開あり
[P. 122-22～27]

➡ 使用例 P. 43、62、64、66、77、81、83、89

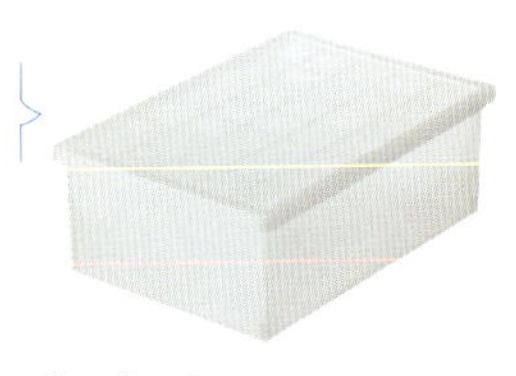

ふたつきで重ねやすい

ポリプロピレンキャリーボックスシリーズ
[P. 121-11～13]

➡ 使用例 P. 30、67、73

キャスターつきでしまいやすい

パイン材収納BOX・キャスター付き
[P. 125-72]

➡ 使用例 P. 54、57

中身が見えてさびにくい

18-8ステンレスワイヤーバスケットシリーズ
[P. 123-31～33]

➡ 使用例 P. 53、68、85、86

たっぷり入ってイスにもなる

ポリプロピレンスツール
[P. 121-14]

➡ 使用例 P. 59、83

絵本

形が不ぞろいな絵本収納にも便利

ポリプロピレンファイルボックスシリーズ
[P. 124-52/53]

➡ 使用例 P. 54、56、85

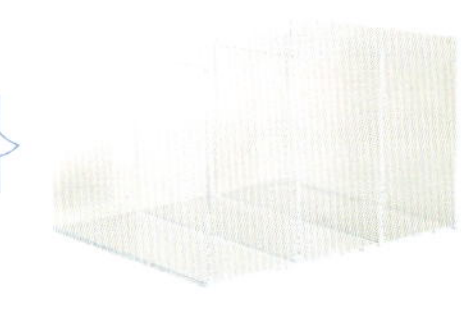

絵本が倒れず取り出しやすい

アクリル仕切りスタンド・3仕切り
[P. 124-46]

➡ 使用例 P. 56

オープン棚

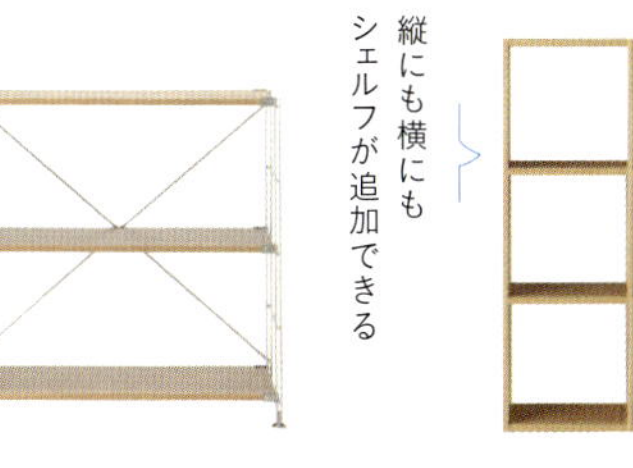

追加パーツが豊富で用途いろいろ

ステンレスユニットシェルフシリーズ
棚板素材違いあり [P. 124-45]

使用例　P. 67

縦にも横にもシェルフが追加できる

スタッキングシェルフシリーズ
[P. 123-34〜36]

使用例　P. 30、71

棚板を追加でき、長く使える

パイン材ユニットシェルフシリーズ
[P. 123-44]

使用例　P. 30、42

衣類

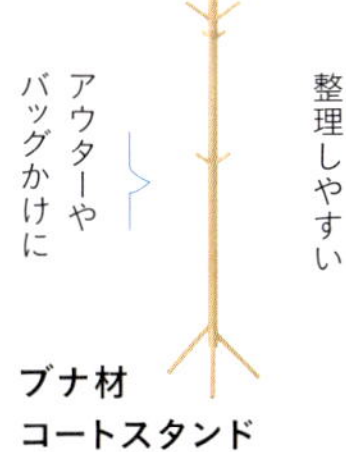

アウターやバッグかけに

ブナ材コートスタンド
[P. 127-97]

使用例　P. 99

ケース内が整理しやすい

ポリプロピレンケース用・不織布仕切ケース
[P. 121-8]

使用例　P. 92

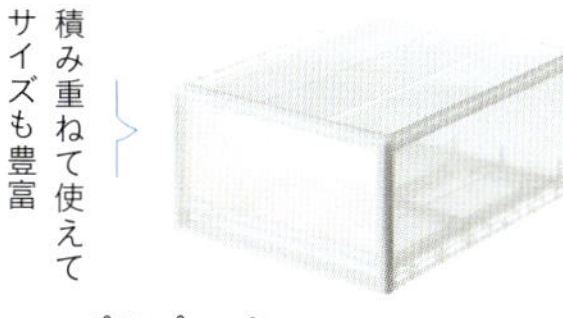

積み重ねて使えてサイズも豊富

ポリプロピレン収納ケースシリーズ
[P. 121-9/10]

使用例　P. 87、92

細ごましたものの小分けに

取っ手つきで持ち運びもラク

ポリプロピレン収納キャリーボックス・ワイド
[P. 124-50]

使用例　P. 79

半透明で見た目がすっきり

EVAケース・ファスナー付
[P. 126-84]

使用例　P. 68

文房具や小物

ペン立てに

アクリルポット
[P. 124-47]

使用例　P. 75、89

縦置きでも横置きでも使える

MDF小物収納
[P. 124-55〜57]

使用例　P. 89

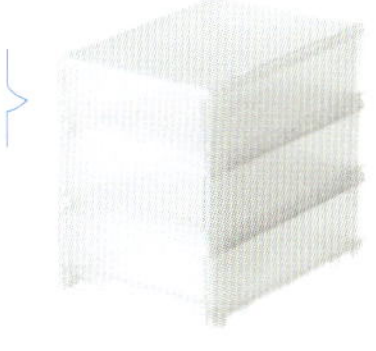

組み合わせて使えて便利

ポリプロピレン収納ケースシリーズ
[P. 121-1〜6]

使用例　P. 54、55、82

子どもの成長とともにこんなに変わった！

女の子3人のママ

吉川さんのおもちゃ収納変遷

監修の吉川圭子さんは、現在小学校6年生の女の子と、3年生の双子姉妹のママです。双子が生まれてから、試行錯誤しながらおもちゃ収納を変えてきた様子をご紹介します。

年少&0歳

オープン棚にざっくり収納

双子姉妹はまだ0歳で、お姉ちゃんのおもちゃが中心。市販のキューブ型ボックスを利用したざっくり収納は、年少期にぴったり。

小2&年中

姉妹の区分けをきっちりと

右の棚がお姉ちゃん、左が双子姉妹用。このあと、お姉ちゃんの学用品を下の子がイタズラしないよう、大人の仕事部屋へ移動。

小4&小1

学用品は取り出しやすく

双子姉妹も入学したため、オープン棚の下段は学用品中心。おもちゃは上段や反対の壁面などに収納し、遊びのものと区分け。

小6&小3

現在は…

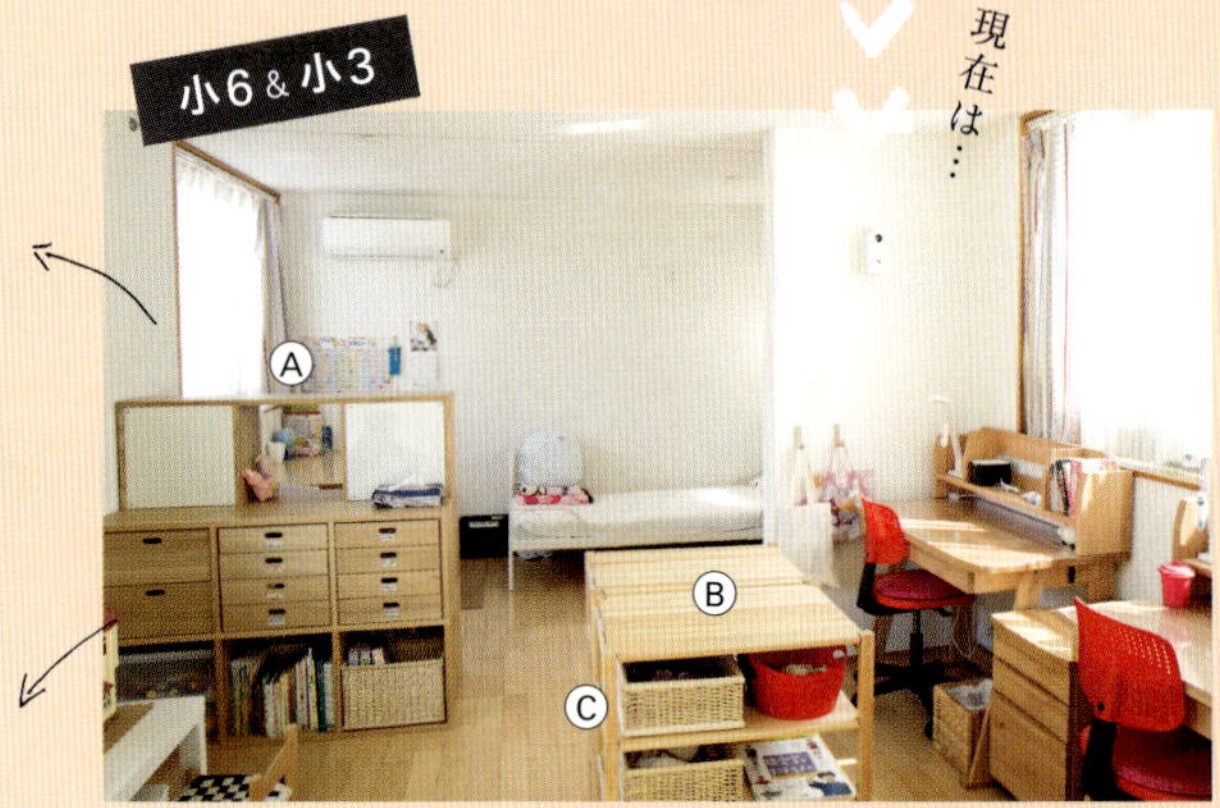

シェルフを使って上手に間仕切り

Ⓐ スタッキングシェルフ [P. 123-35/36] 2つを背中合わせに配置し（手前は双子姉妹用で2段×3列、奥がお姉ちゃん用で3段3列）、10畳ほどの空間を仕切って3人で使用。それぞれが自分のスペースを自由に使えるよう、収納家具をうまく配置している。

\ お姉ちゃんのスペース /

整理上手なお姉ちゃん。机の下の引き出しやスタッキングシェルフをうまく使って、机の上もすっきり。

細ごましたものはⒺスタッキングチェスト [P. 123-37/38] を利用して収納。Ⓓオプション扉 [P. 123-39] は絵などの収納にも便利だそう。

Ⓕ ポリプロピレンキャリーボックス・ロック付・小 [P. 121-11]
Ⓖ 重なるブリ材長方形バスケット・大 [P. 123-30]

Ⓑ パイン材ユニットシェルフ・58cm幅・小 [P. 123-44]
Ⓒ 重なるブリ材長方形バスケット・小 [P. 122-28]

2

子どもの
成長に合わせた
片づけやすい部屋

キッズスペースに置かれるものは、子どもの成長とともに
変わっていきます。その中で子どもの片づける力を育むには、
それぞれの年齢や成長に合ったスペースをつくることが大切です。
そこで吉川さんに、「3～4歳」「4～6歳」「6～10歳」の3段階における
スペースづくりのポイントを聞いてみました。年齢はあくまでも目安です。
お子さんができそうなことから、少しずつ始めていきましょう。

「わかりやすさ」を第一に
ざっくり収納&
見てすぐわかる工夫を

年少さん
3-4歳

POINT ❶

置き場所がひと目でわかる

［ねらい］
まずは「元に戻す」ことを覚える

年少時代は、子どもが片づけ力を身につけるためのスタートラインともいえます。「片づけ」を教える上で、この時期の一番の目標は「元に戻す」こと。そのためには、戻す場所がわかりやすくなければなりません。

まずは子どもの手が届きやすく、視界に入りやすい位置におもちゃの置き場所を決めます。

そして、そこが何の置き場所かひと目でわかる工夫をします。ポリプロピレンケースシリーズ［P.121・1〜6］など、中身が見える素材の収納用品を使うのもよいですね。中身が見えない収納用品は、中に入っているものがわかるようラベルをつけます。写真やイラストなど、目で見てパッとわかる工夫をしましょう。このとき収納用品を同じテイストでそろえると、見た目のごちゃつきも防げます。

また、置き場所を頻繁に変えると子どもは混乱します。収納場所を見直すのは、新しいおもちゃを買ったとき、収納用品に入りきらなくなったときなどにとどめましょう。この「収納に入りきらなくなる」という感覚も、子どもは徐々に覚えていきます。

＼オススメ／

無印良品item

壁に付けられる家具・フック・オーク材

¥900［P. 123-42］

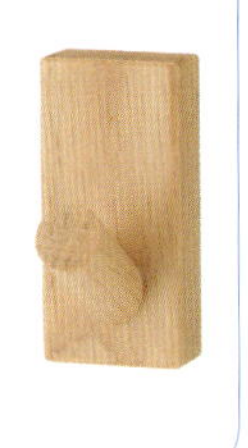

石膏（せっこう）ボードの壁ならどこでも取りつけられる。子どもの目線に合わせて使えるのが便利。リュックや帽子、アウターなどの"かけるだけ収納"に。※耐荷重2kg

POINT 2
大まかな分類に、「○○するだけ」収納

［ねらい］
簡単な収納方法で片づけを習慣に

子どもは成長するにつれて遊びが広がります。3〜4歳の頃は、ブロックなら街並みをつくるパーツが増えるなど、遊びを発展させるおもちゃが増えていく時期。種類ごとに大まかに分類し、遊びやすく、片づけやすい環境を整えましょう。ただ、細かく分けすぎると分類を覚えるのが大変で戻しにくくなります。あくまで適度な分け方にするのがポイントです。

収納方法もできるだけ簡単にし、棚の上に置くだけ、かごに入れるだけ、フックにかけるだけなど、ワンアクションでできる「○○するだけ収納」から始めましょう。いきなり完ぺきな片づけを目指すのではなく、簡単な方法で片づけの習慣を身につけることが大切です。

POINT ③
「宝物」を自分で管理させる

［ねらい］
自分で自分のものを管理できるように

使ったものを元に戻すことだけではなく、「自分で自分のものを管理すること」も片づけを通して身につけたいことの一つです。そのために、まずは小さなものの管理から始めます。

3歳くらいになると宝物が増えてきませんか。お散歩で拾った小石、夏にはセミの抜けがらなど、大人にはガラクタに見えるものでも、子どもにとっては大切な宝物です。そんなものが増え始めたらチャンス。例えば「だいじばこ」などと名づけた箱に、その宝物を自分で管理させてみます。「大切なものは自分で自分の箱に入れる」という意識を持たせるのに効果的です。箱一つを管理できるようになったら、引き出し一段などと範囲を広げていきましょう。

年少さんの
声かけ

わかりやすい声かけを

この時期は「やってみたい！」が出てくる時期。まずは大人が楽しそうにやるなど、自分から「やりたい！」と思わせる雰囲気づくりを心がけます。そして、伝え方は短く具体的に。やらせたくないことを伝えるよりも、やってほしいことをわかりやすく伝えることが大事です。

NG!

散らかっているから片づけて！

OK!

お人形さん、元の場所に戻そうね。

年中・
年長さん
4-6歳

収納用品を使い分け、子どもの"好き"を生かしてやる気につなげる

POINT 1
おもちゃの変化に合わせて収納も変える

［ねらい］
収納サイズを合わせて出し入れしやすく

成長にともない、はさみやのりなどの文房具を使い始めるだけでなく、細ごまとしたおもちゃも増えていきます。大きめのおもちゃがメインだった頃は、深めの収納用品にざっと入れるだけでうまくいっていたけれど、中身が変われば合う入れ物も変わるのです。

大きいおもちゃと小さいおもちゃを深めのケースに一緒に入れると、小さいおもちゃは隙間から底のほうへ沈んでしまいます。そうなると、遊びたいおもちゃを取り出すために、ケースをひっくり返して中身を全部出す羽目になります。そのうえ、遊びたいおもちゃだけ取り出したらあとはそのまま、という状況にもなりかねません。「おもちゃを大事にする」という気持ちを育てるためにも、この取り出し方はおすすめできませんし、あと片づけも大変です。

ですから、この時期になったらおもちゃのサイズに合わせて収納用品を使い分けるようにしましょう。オープン棚に引き出し収納を入れるなど、小分けできるアイテムを追加するのもよいでしょう。

＼オススメ／
無印良品item

パルプボード・引出式・4段
¥3,900
［P. 123-40］

スタッキングシェルフ［P. 123-34 ～ 36］と組み合わせても使える紙製ボックス。細ごました文房具などを分類収納するのにも便利。

POINT 2

こだわり・好きを生かした空間づくり

［ねらい］
「好き」を大切に
片づけ意欲をアップ

好みが徐々にはっきりしてくるこの時期。子どもの「好き」や「こだわり」を生かして、より遊びやすい環境を整えることで、子どもの感性や片づける意欲が育まれていきます。

例えばブロックが好きなら、選びやすいよう色別に分けて収納しておく、お絵描きが好きなら、画用紙と色鉛筆をバッグに一緒に入れて持ち運べるようにするなどもいいですね。子ども自身が〝遊びやすさ〟を肌で感じることで、片づけの大切さを理解していきます。

また、遊びを通じて創作意欲が増してきたら、作品を飾る場所を設けましょう。自分の作品が飾られている空間は、子どもにもうれしいもの。飾るエリアを決めたら、何を飾るかは子どもに任せてもいいですね。

＼オススメ／
無印良品item

アクリルフレーム・1 A4サイズ用
¥1,400［P. 124-58］

子どもが描いた絵などの収納に。脚の取りつけ方で縦置き・横置き両方が可能。

POINT❸
子どもに取捨選択を任せる

［ねらい］
自分にとって
大切なものを選ぶ

この頃になると「収納に入りきらない」という感覚も徐々にわかってきます。おもちゃの収納を見直す際、子どもと一緒に考えるのもいい時期です。年少時代の「宝物」管理から一歩進んで、収納に入るおもちゃを自分で取捨選択させてみてください。また、おもちゃの分類も子どもにさせることで、片づけを自分でしている意識も生まれやすくなります。

ものとのかかわり方は、納得して手放すことを通じて学んでいくものです。処分するときは、子どもの価値観に寄り添いましょう。どれを「捨てるか」よりも、どれを「残すか」を教えることが大切。子どもが「捨てる」という言葉に過敏にならないよう、ゆっくり見守ります。

年中・
年長さんの
声かけ

適正量を気づかせ、自分で選ぶくせをつける

自分で「いる」「いらない」の選択ができるよう、収納の適正量を意識させることを心がけます。また、保育園、幼稚園などの集団生活を通し、他の人とのかかわりを学ぶ年齢です。みんなで使うものは、次に使う人が困らないよう元に戻すことも伝えていきましょう。

 **NG!**

もうこのおもちゃ、
捨てちゃっていいよね？

 **OK!**

サンタさんがプレゼント
持ってきても入らないよ。

勉強のものと遊びのものは しっかり分け、 動線を考えた収納を

低・中学年
6-10歳

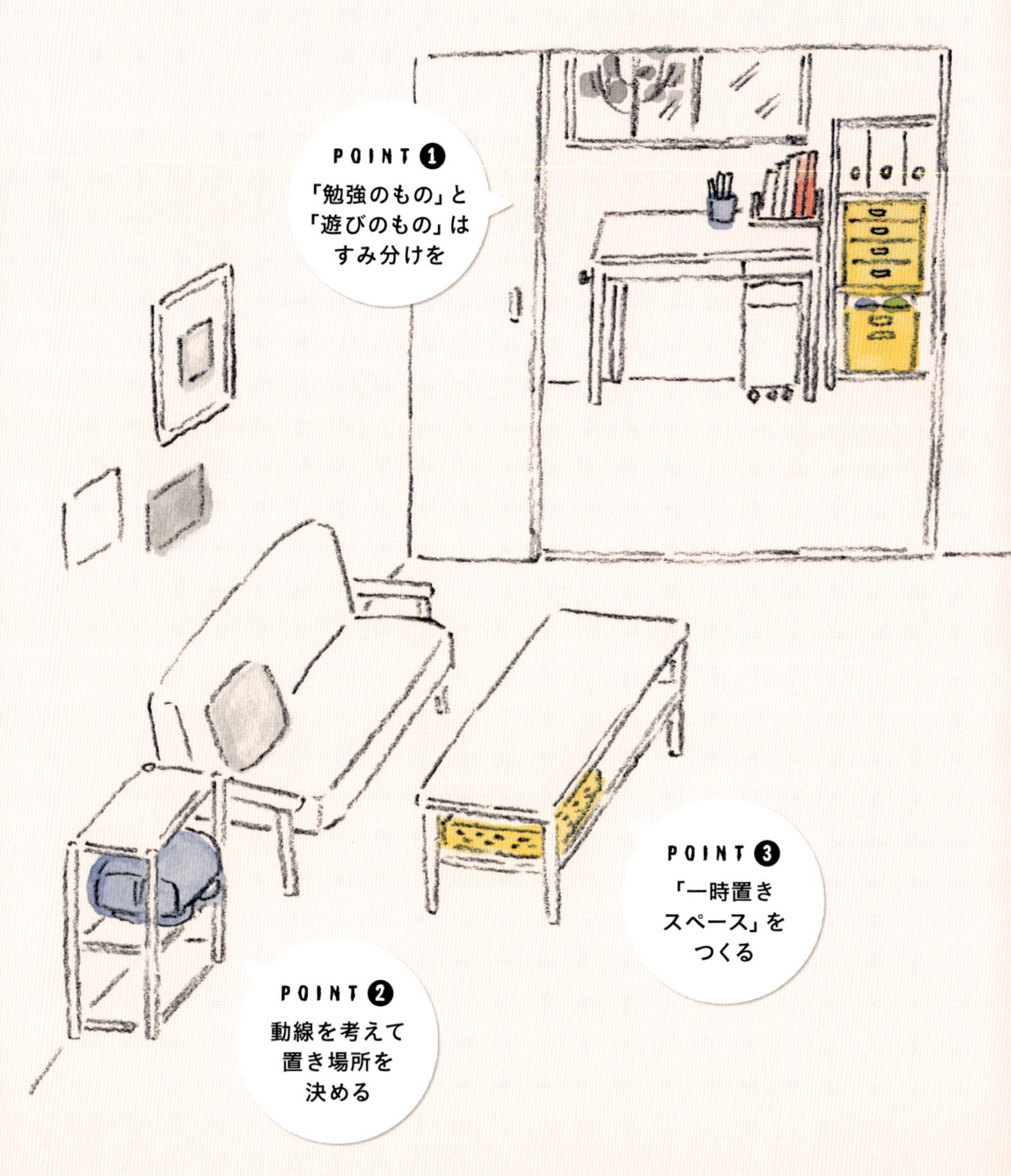

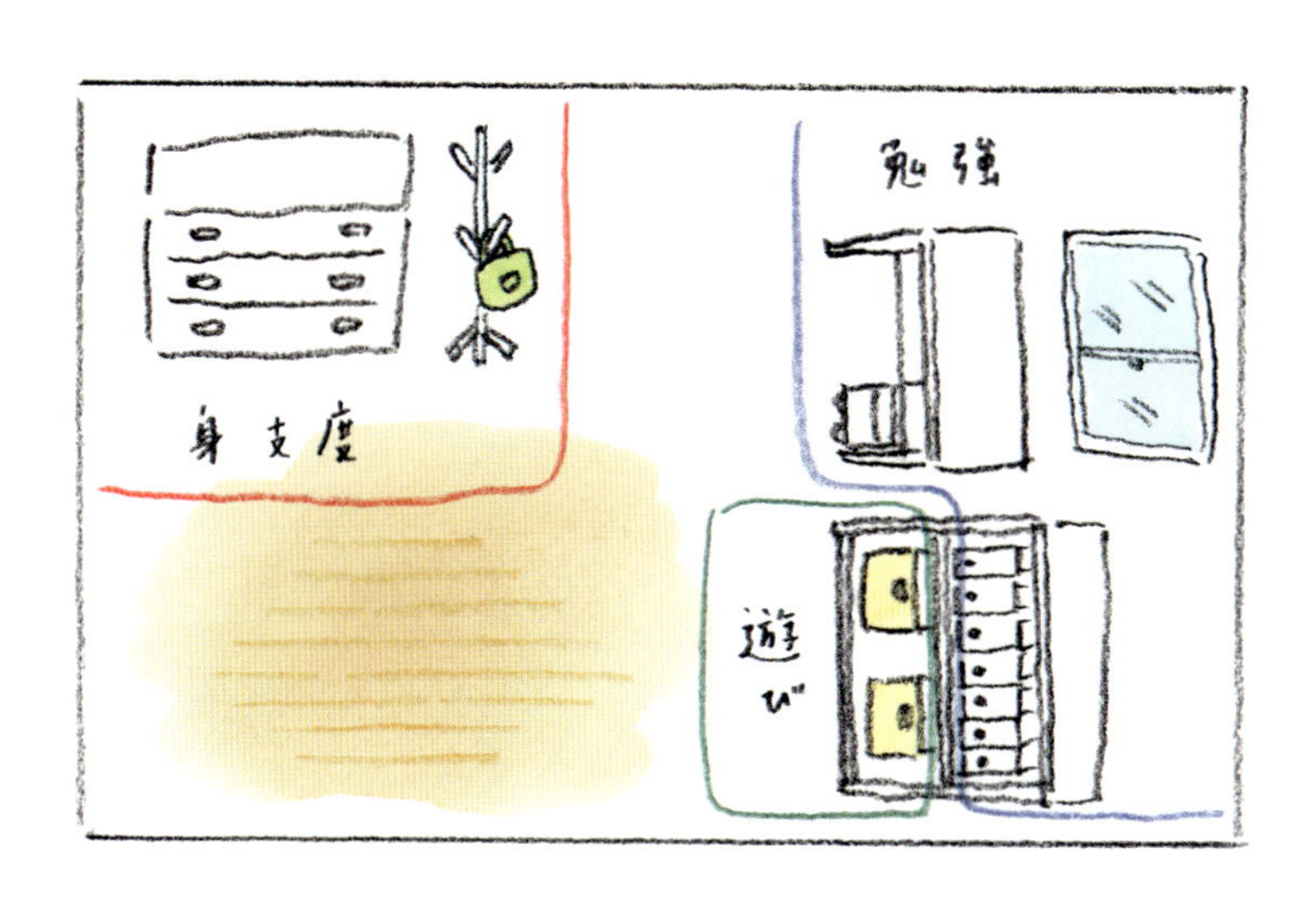

POINT ❶

「勉強のもの」と「遊びのもの」はすみ分けを

[ねらい]
遊びと勉強、それぞれに集中できる

子どもが幼い頃は、「子どものもの」というと遊ぶものと身支度に関するもの程度だったのが、小学生になると新たに勉強のものが増えます。それにともなって学習机を買ったり、子ども部屋を設けたりする家庭もあるでしょう。

このように大きな変化がともなうタイミングでは、スペースをどう使うかを大まかにエリア分けします。ポイントは、「勉強のもの」と「遊びのもの」が交ざらないようにすることです。例えば、学習机の引き出しに文房具だけでなく、集めているカードやメダルなどの小物が一緒に交じっていたらどうでしょう。文房具を出し入れするときに目に入り、気が散りやすくなってしまいます。

部屋を「勉強」「遊び」「身支度」と大まかにエリア分けして、各エリアの近くにそこで使うものを置くようにしましょう。

＼オススメ／
無印良品item

無垢材デスク（引出付）・オーク材
¥25,000 [P. 126-82]

無垢材デスクキャビネット（引出2段）・オーク材
¥14,900 [P. 126-82]

学習机を買うなら、長く使えるシンプルなものを選ぶとよい。

POINT❷

動線を考えて置き場所を決める

［ねらい］
忙しくなっても片づけやすく

＼オススメ／
無印良品item

パイン材ユニットシェルフ・58cm幅・小
¥8,000［P.123-44］

低学年でも使いやすい高さで、リビングのランドセル置き場としてもおすすめ。ランドセル卒業後も長く使えるシンプルなデザイン。

入学すると、さらに子どもの行動範囲は広がります。ランドセルや習い事バッグのような持って出かけるものの置き場所は、動線を考えて決めます。リビングなど、玄関から行き来しやすい部屋に置き場所を設けるとよいでしょう。

また、ランドセル置き場の近くに教科書も置くといったように、同じ目的ごとに使うものをまとめます。同様にハンカチなら、身につけていくことが多ければ着替えが置いてあるスペースに、ランドセルに入れていくならランドセルの近くに置き場所を設けます。使う目的やタイミングを考え、できるだけ行ったり来たりせずに準備ができるよう、置き場所を決めるのがポイントです。

POINT ❸
「一時置きスペース」をつくる

［ねらい］
作業を中断しても散らかりにくい

小学生になるとやることも増えていきます。学校の宿題をしている途中に習い事の時間になるなど、時間で動かなければならないときもあり、「終わったら片づける」ことができない場合も出てきます。

　そんなときのために、使っていたものを一時的に保管できるスペースをつくっておくことをおすすめします。

学習机で勉強をする場合は、一番上の引き出し（左側の幅の広いほう）を一時的なスペースにすると使いやすいです。ダイニングテーブルで勉強する習慣がある場合は、かごなどを用いて、勉強道具を一時的に入れておけるスペースをダイニング付近に確保しましょう。その際は、文房具も一緒に入れておくといいですね。

＼オススメ／
無印良品item

重なるラタン長方形バスケット・小
¥2,600 [P. 122-22]
積み重ねができる。やさしい風合いでインテリアになじみやすく、リビング・ダイニングの一時置きにぴったり。

低・中学年の
声かけ
考える機会を与える質問で自立へとつなげる

どうするかを自分で考えて行動に移せるような声かけをします。例えば、片づけない子に対して「ごはんを食べたら片づけなさい」と指示するよりも、子どもが自分で「ごはんを食べたら片づける」と言い出すほうが、実際の行動に結びつきやすくなります。約束してやり遂げることは、自立への第一歩です。

 **NG!**
ごはんを食べたら片づけなさい。

○ **OK!**
いつ片づけようか？

0歳➡動き出しまで

スムーズにお世話ができる環境づくりを

子どもに片づけを教え始めるのは、3歳くらいからで十分です。0〜2歳頃は、ほかにも身につけさせたいことがたくさんあるからです。立つ・歩くなどの運動能力、食事やトイレなどの生活習慣、言葉やあいさつなど、例をあげればきりがありません。それらに加えて片づけもとなると、親も大変です。

でも、だからといって、片づけをまったく教えなくてよいわけではありません。子どもが目で見て片づけを知ることができるよう、片づけを覚える「場」をつくることが大事です。動き出す前の赤ちゃんは、生活範囲が限られています。それでも、気持ちがいいことと、そうでないことの違いはわかりますから、この時期は、五感で心地よさが伝わる環境づくりを心がけます。

また、大人が効率よく動けることも大切です。赤ちゃんが心地よく過ごせるよう、よく使うおむつやおしりふき、タオル類などの置き場所は、動線をよく考えて決めましょう。効率よく動けると、赤ちゃんのお世話もスムーズにでき、育児のストレスを減らすこともできます。

動き出し➡2歳まで

手の届く範囲には、安全なものを配置

　赤ちゃんが動き回るようになると、視界に入るものが格段に増えます。そうすると、興味のおもむくままにゴミ箱のゴミを出したり、引き出しから中身を全部出したり、逆に隙間に何かを詰めてしまったりします。親にとっては頭の痛い時期ですが、ものを「出す」「入れる」といった行動は好奇心からくるもの。「ここまでなら触っても大丈夫」などと範囲を決めて、ものとかかわらせてみるのも一つの方法です。「出したら散らかる」ことを知るのは、片づけを身につける準備になります。そして、大人が「子どもが出したものを片づける姿」を見せることで、片づけの意味を教えていきます。ただし、口に入れたら危険なものは、徹底的に子どもの視界から排除する、もしくは手の届かないところに収納するなど、安全に配慮することを忘れないでください。

　2歳までは、片づけを無理強いしてはいけません。大人が思うような「片づけ」ができるようになるのはもうちょっと先です。遊びの延長で、片づけを体験させることから始めましょう。

小学校高学年

自立心を大切に、見守りながら必要なサポートを

高学年になると学校の宿題や塾、習い事、友だちとの遊びなど、やることが増えて、片づけの時間が取りづらくなります。でも、10歳くらいまでにある程度片づけの土台をつくっておけば、さほど心配することはありません。一時的に片づけの優先順位が低くなるだけなので、子どものペースを見守りましょう。

片づけの習慣に不安があっても、心配することはありません。26〜27ページでも触れた通り、片づける力には個人差があります。その子をよく見て、時には手を貸したり、声をかけたりするなど、必要なサポートをしながら少しずつ取り組みましょう。

また、このくらいの年齢になると、学用品の片づけはいい加減でも、習い事のものなら大事に管理しているなど、その子なりに大事なもの・ことの取捨選択ができるようになります。大人が片づけを強要すると、余計に「やらない」と意固地になりかねませんから、自立心を育てることを優先させましょう。子どもが好きなインテリアグッズを購入するなど、やる気にアプローチするのもよいでしょう。

Column

気持ちに寄り添う声かけでうまくいく

おもちゃを上手に捨てるコツ

片づけ上手になるには、ものを上手に手放せるようになることが大切です。以下のアイデアを参考に、捨て上手になるためのコツをつかんでください。

捨てるのは子ども本人が納得してから

「おもちゃは収納に収まるだけ」といくら言い聞かせても、思い出や所有欲などさまざまな理由で手放せない子もいます。上手に捨てられるようになるには、子ども本人が納得して手放す経験を積むことが大切です。

子どもが納得して手放すためのコツ

1. いきなり捨てない、勝手に捨てない
迷い中は捨てずに段階を経て

2. 手放したあとの行き先がわかる
知り合いに譲るなど

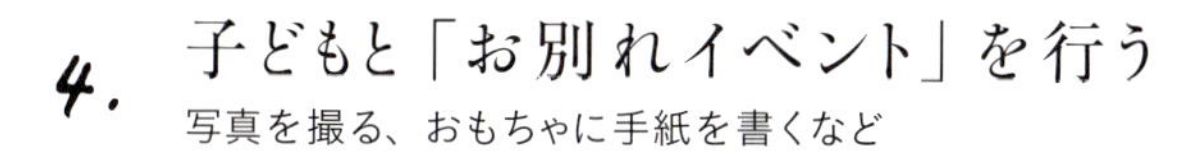

3. 思い出を語ってから捨てる
ものだけでなく、気持ちも整理

4. 子どもと「お別れイベント」を行う
写真を撮る、おもちゃに手紙を書くなど

その子の性格にあった方法で、上手に手放せるよう誘導してください。

フリーマーケットなどで楽しく手放そう！

手放す方法はゴミとして捨てる以外にもあります。お下がりとして譲る、バザーに出す、フリーマーケットで売るなどすると、ものを大切にする気持ちを育むこともできます。とくにフリーマーケットは、お店やさんごっこの延長として喜ばれます。ちょっとした計算の練習もできますし、家族みんなで楽しめるのでおすすめです！

← 次ページで他の実例もご紹介!

わが家ではこうやって
おもちゃを手放しました！

ハウツー実例

手放す前に子ども本人が写真を撮って、作品集に！

捨てるか迷ったもの（ぬいぐるみや作品など）は、自分で写真に撮ることで手放しやすくなりました。写真を撮るというのは子どもからの提案だったのですが、自分で撮影すること自体も楽しいようです。さらに撮った写真の中からお気に入りを選んでもらい、作品集にしています。（6歳・男の子）

いったん日常生活で目に入らないところに保管してみる

「捨てる＝悲しい」という図式があった娘。普段遊んでいないおもちゃでも「捨てないで（泣）」と言うため、いったん日常の生活で目に入らないところに保管。一年経ったときに、意外とあっさり手放す決断ができることがありました。急に失う不安をなくすことが大事なんですね。（3歳・女の子）

おもちゃに「サヨナラの儀式」を

手放すのにとても有効だったのが「サヨナラの儀式」です。手放すもの一つひとつの思い出を語り、「今までありがとう。大好きだよ！　〇〇（手放す先）でも元気でね」などとお別れの言葉をかけたり、手紙を書いたりします。そして必ず本人の手でゴミ袋に入れて、文字通り"手放す"というものです。しっかりとお別れすることで、順序を踏みながら手放す気持ちになっていく感じでした。（6歳・女の子）

ゴミはまた生まれ変わることを教える

ゴミになるのが辛くてゴミ袋から戻してきてしまう息子。困って隠したりしていましたが、あるとき学校の授業で「ゴミはまた生まれ変わって違うものになる」と習ってから「これは燃やしてまた固めて紙とかに再利用されるんだよね？」と言って納得してくれるようになりました！（8歳・男の子）

子どもが納得する譲り先を見つける

時間と手間はかかりますが、本人が納得する譲り先を見つけています。もう遊んでないけど大好きなものは、極力親しい子へ。「〇〇ちゃんのところなら遊びたくなったら行けばいい」という安心感があるようです。親しい子だと、大事に持ち歩いている姿を見かけたり、お母さんから話を聞いたりできるので、うれしい気持ちにもなります。（4歳・女の子）

手放したあとどうなるかをしっかり伝える

息子は「だれがもらうかわからないからイヤだ！」と手放すことができませんでした。そこで、おもちゃは通っていた保育園に寄付。新しく通うお友だちにまた遊んでもらえると納得することで手放せました。服に関しては、開発途上国で再利用されている情報をインターネットで見せたら納得しました。（4歳・男の子）

3

楽しく片づけできる キッズスペース実例

ここでは、整理収納アドバイザーやライフオーガナイザーとして
活躍している、4名の方のキッズスペースをご紹介します。
子どもの年齢は年少から小学校高学年まで、家のタイプもマンションや
一戸建てなど幅広い実例を掲載しました。子どもが楽しく片づけできる
工夫がたくさんで、すぐに真似できそうなアイデアばかりです。
また、それぞれおすすめの無印良品アイテムもご紹介してもらいました。
ぜひ「わが家」に合った空間づくりの参考にしてください。

P. 20 ～ 25でご紹介した「環境づくりの5つのコツ」に当てはまるアイデアに、
以下のアイコンをつけました。

量を考える

場所を決める

楽しく片づけ

「好き」を尊重

収納を見直す

CASE 1

家具は大人っぽく、収納は取り出しやすく

子どもがいても おしゃれに暮らす

田中由美子さん
ライフオーガナイザー

間取り：4LDK・マンション
家　族：夫婦、長男（3歳）

郵便はがき

111-0056

恐れ入りますが、切手を貼ってお出しください。

東京都台東区小島1-4-3

金の星社　愛読者係

〒□□□-□□□□

ご住所

ふりがな お名前	性別　男・女 年齢　　歳
TEL　　（　　）	ご職業
e-mail	

●弊社出版目録・お子様へのバースデーカードをさしあげます

★出版目録希望（する・しない）　★新刊案内希望（する・しない）

★バースデーカード希望（する・しない）

おなまえ		西暦　年　月　日生	男・女	歳
おなまえ		西暦　年　月　日生	男・女	歳

★弊社の本のご購入希望がありましたら、下記をご利用下さい。

書名	本体　円＋税	冊
書名	本体　円＋税	冊
書名	本体　円＋税	冊

発送はブックモールジャパンに委託しております。発送手数料は210円です。5,000円以上のお買い上げで発送手数料無料となります。（お支払は代引きとなります）　お急ぎの場合は、直接ご連絡ください。

金の星社　TEL03-3861-1861

般1506

よりよい本づくりをめざして

お手数ですが、あなたのご意見ご感想をおきかせください。

1. お買い上げいただいた本のタイトル

（　　　　　　　　　　　　　　　　　　　　　　　　）

2. この本をお求めになった書店

市区町村　　　　　書店　　　　年　　月　　日購入

3. この本をお読みいただいたご感想は？

●内容　1. おもしろい　2. つまらない　3. やさしい　4. むずかしい　5. 読みやすい　6. 読みにくい　7. 感動した　8. ふつう

●表紙のデザイン　1. よい　2. ふつう　3. わるい

●価格　1. 安い　2. ふつう　3. 高い

●ご意見、ご感想をおきかせください。

4. この本を何でお知りになりましたか？

1. 書店で　2. 広告で　（新聞　　　　雑誌　　　　）
3. 図書館で　4. 書評で　（新聞　　　　雑誌　　　　）
5. DM・チラシをみて　6. 先生・両親・知人にすすめられて
7. 当社目録をみて　8. その他（　　　　　　）

5. この本をお求めになったのは？

1. タイトルがよい　2. テーマに興味がある　3. 作家・画家のファン
4. 表紙デザインがよい　5. 帯にひかれて　6. 広告をみて　7. 書評をみて
8. 人にすすめられて　9. その他（　　　　　　）

6. 今後読んでみたい作家・画家・テーマは？

7. よくお読みになる新聞・雑誌は？

新聞（　　　　　　）　雑誌（　　　　　　）

ご協力ありがとうございました。ご記入いただきましたお客様の個人情報は、下記の目的で使用させていただく場合がございます。

●ご注文書籍の配送、お支払い等確認のご連絡　●弊社新刊・サービスのDM
●チラシ・広告・ポップ等へのご意見・ご感想の掲載　●弊社出版物企画の参考

［個人情報に関するお問い合わせ先］

■金の星社　お客様窓口　電話 03-3861-1861　E-mail usagi1@kinnohoshi.co.jp

リビングは、アンティークな家具をちりばめておしゃれな雰囲気に。家具の中を開けると、意外や意外！子どものものが種類ごとに上手に収まっている。

リビングの中に子どもの日用品をすべて収納

白い内装にアンティークの家具……田中さんの住まいは、3歳の晄太郎くんがいるとは思えないほど、スタイリッシュです。

リビングで1日中過ごせるよう、日常使いの子ども用品をすべて置いているというから驚きます。壁面収納にはたっぷりのおもちゃを、アンティークの家具には子どもの衣類を収納。

「いかにも〝子ども用〟という家具を置きたくなかったので、以前から持っていたアンティーク家具を使っています。家具の中は収納グッズで小分けして、子どもが使いやすいよう工夫しています」

収納グッズの色を統一したり、古い家具を利用したり、〝おしゃれに暮らす〟ヒントがいっぱいの家です。

LIVING

アンティーク家具の中には機能的なアイデアが満載！

チェスト

アクリルフレームで衣類をきっちり仕切る

下着やTシャツは、アクリルフレームを間仕切りにして、立てて収納している。これなら、ほしい服が一目瞭然。

＼オススメ／

無印良品item

ポリエステル綿麻混・ソフトボックス・角型・小

¥1,200 [P. 122-17]

布製のやさしい雰囲気が人気のソフトボックス。軽くて取り出しやすいので、子ども用に活用中。

晄太郎くんが普段着る洋服は、このチェストに。幼稚園に入ってからは、自分で好きな下着や服を選べるようになったそう。

ソフトボックスに 幼稚園セットをひとまとめ

机の下に、幼稚園に行くための身支度セットを用意。「朝、何を着るかがわかり、自分で支度ができるようになりました」

小机

よく遊ぶおもちゃは 出しやすい場所に

仕切りケースを入れ、折り紙などを種類別に入れている。今、気に入っているものを収納。

素敵なバスケットで洗濯も楽しく

「家事を楽しくするには好きな収納用品が一番」と、洗濯物の一時置きにステンレスワイヤーバスケットを使用。

＼オススメ／

無印良品item

18-8ステンレス ワイヤーバスケット6

¥3,900 [P. 123-33]

スタイリッシュなステンレス製のバスケット。持ち手がついているので、持ち運びもしやすい。

クリップで留めただけの 簡単ラベリング

ラベリングは、カードに印字し、クリップで留めただけ。これなら今すぐに真似できそう！

麻布を使ったソフトボックス [P. 122-17] は、子どもの収納にフル活用。「軽いのがいいですね」

チェストの開き戸には、季節外の服や幼稚園用の服全般を収納。ソフトボックスにまとめて入れている。Ⓐ ソフトボックス [P. 122-18]

フリースペースの壁面収納。上部には大人の文具や書類を、下部は子どもが使うおもちゃを仕分けして収納。
Ⓐスタンドファイルボックス［P. 124-52］ Ⓑポリプロピレンケース・深型・2個（仕切付）［P. 121-3］ Ⓒポリプロピレンケース・深型［P. 121-2］ Ⓓポリプロピレン収納ケース用キャスター［P. 121-7］ Ⓔパイン材収納BOX・キャスター付き［P. 125-72］

LIVING

小分けにしたり、ラベルをつけたり
自分で片づける工夫がいっぱい！

❶

おもちゃは1種類ずつ小分けに

子どもが片づけやすいよう、基本的に引き出し1つに1種類のものを収納。ポリプロピレンケース［P. 121-1］

ママが描いたラベルでわかりやすく

何が入っているのか、ひと目でわかるイラスト入りのラベル。ママお手製ラベルは、色鮮やかでわかりやすいのがポイント。

❷

パズルはポーチに立てて収納

パズルは説明書と一緒にポーチに入れて、立てて収納。「パズルの説明書には失くしたピースを取り寄せる方法が書かれているので、捨てられないんです」

❸

リュックはフックにかけて

壁に付けられる家具・長押［P. 123-41］に、フックで子ども用のリュックを収納。子どもの届く高さに取りつけている。

自分でやりたくなる！そんな工夫をちりばめて

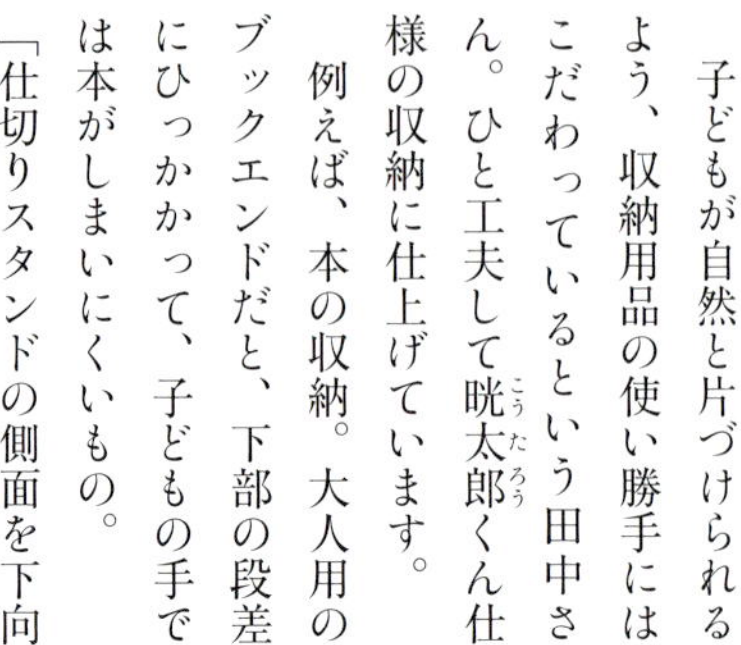

子どもが自然と片づけられるよう、収納用品の使い勝手にはこだわっているという田中さん。ひと工夫して晄太郎くん仕様の収納に仕上げています。

例えば、本の収納。大人用のブックエンドだと、下部の段差にひっかかって、子どもの手では本がしまいにくいもの。「仕切りスタンドの側面を下向きに倒すんです。こうすることで、ひっかかりもなく、本がしまいやすくなります」

手づくりのラベルもひと手間かけて、文字だけでなく、かわいいイラストを加えました。字が読めなくても、パズルをするように片づけができます。

引き出しの中を小分けにしたり、フックにかけるようにしたり、〝自分でやりたい〟と思わせる収納に仕上げています。

ぼくのお手伝い

コロコロでカーペットそうじ

晄太郎くんはじゅうたんなどのゴミを粘着テープで取る、“コロコロそうじ”でお手伝い。白いラグでゴミが目立ちやすく、きれいになる実感を得やすいのがポイントのよう。

「どれを読もうかな？」本も仕切りスタンドで取り出しやすく

絵本大好き！

表面を寝かせて使用

＼オススメ／

無印良品item

ポリプロピレンスタンドファイルボックス・A4用・ホワイトグレー

¥700 [P. 124-52]

表を向けると中身が見えず、きれいに収まるファイルボックス。田中さんの家では、子ども用は本が出し入れしやすいよう、表面を寝かせて棚へ。「こうすると、不ぞろいな絵本も収納しやすいです」

仕切りスタンドの置き方を子ども仕様に

アクリル仕切りスタンド [P. 124-46] の側面を下向きに倒して、本を収納すると取り出しやすい。

スペースいっぱいに広げて思いっきり遊ぶ。

遊ぶときは思いっきり広げて

スタート！

まずは、引き出して遊ぶ準備

キャスターつきのおもちゃボックスなら、ボックスごと引き出して遊べる。

片づけもしっかり！

遊び終わったら、道路を分解してボックスの中へしまって……。

キャスターを押して壁面収納の中に。3分ほどで片づけ終了！

オススメ

無印良品item

パイン材収納BOX・キャスター付き

¥4,000 [P. 125-72]

パイン材を使った温かみのある整理ボックス。キャスターつきなので、子どもが使うおもちゃ入れにピッタリ。もうひと箱(キャスターなし)、上に重ねて2段にすることも可能。

専用引き出しで夜の支度もバッチリ

もの選びが自分でできるようになってきた晄太郎くん。洗面台に、専用の引き出しをもらっている。ここには、お風呂のあとに着る下着類を収納。夜の身支度にも慣れてきたよう。

お風呂で遊ぶものは水切りカゴに入れて清潔に

お風呂で遊ぶおもちゃは、水切りカゴやメッシュの袋に入れ、脱衣所につるして収納。カビないようにしっかり乾かしている。

SANITARY

どの部屋にも子どもの収納場所を確保してあげる

子どもが必要なものは必要な場所に！

〝下着がない〟〝バッグはどこ？〟と、子どもは大人に頼りっきりではありませんか？

「わが家では、リビングにはおもちゃや洋服、玄関には通園用品、サニタリーには下着やパジャマと、各スペースに息子用の収納場所をつくっています。そうすることで、息子にも責任感が生まれてきました」

　確かに晄太郎（こうたろう）くんを見ていると、遊んでいたおもちゃを、大人に頼ることなく、次々と指定の場所に片づけていきます。

「〝片づけなさい〟とは言わずに、〝おもちゃがおうちへ帰りたがっているよ〟などと声をかけるように心がけました。今では、自分の収納場所を把握して、率先して片づけてくれますよ」

Ⓐ アルミフック［P. 125-65］

ENTRANCE

“いってきます、おかえり”に必要なものは、すべて玄関に結集！

子どもでも楽しく靴を出し入れできる扉つきの靴箱

学校の靴箱のような扉つきの靴箱が印象的。ひと箱に一足、きちんとおさまるので整理しやすい。マグネットがつくので、側面にはカギや保護者証などをつり下げて収納。

イスとして持ち運べる便利な収納グッズ

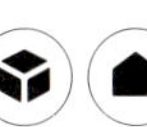

ふたを閉めると座り心地のいいイスになるグッズ［P. 121-14］。ふたを開けると、たっぷりとものが入る。

園から帰ったら、すぐにバッグはフックにかける

園バッグは、フックにかけて収納。靴を脱いだら、すぐにバッグをしまうのが習慣。

必要書類はマグネットで玄関扉に貼りつけて

絶対忘れてはいけない書類はクリアケース［P. 125-62］に入れて玄関扉に。忘れっぽい人におすすめのアイデア。

Ⓑ マグネット付クリップ［P. 125-66］

CASE 2

かごや袋で上手に小分け

子どもでも ひと目でわかる収納

森山尚美さん
整理収納アドバイザー

間取り：2LDK＋WIC・一戸建て
家　族：夫婦、長男（11歳）、長女（6歳）

描きたいときはさっとかごごと出して

リビングで遊ぶことが多い今日ちゃんは、ローテーブルでお絵描きするのが大好き。家族団らんの中、お絵描きセットを出して楽しんでいる。

ソファの下は意外に便利な隠し場所

「絵を描きたい」と今日ちゃんが思ったとき、自分ですぐに道具を取り出せるよう、リビングのソファの下にお絵描きセットを収納。

＼オススメ／

無印良品item

重なるブリ材長方形バスケット・小

¥1,000 [P. 122-28]

森山さんの家でよく使っているバスケット。四角く、オープン棚などに入れやすいのが特徴。

LIVING

よく使うおもちゃなどは子ども用のかごに入れて

収納を集めることで家族で使うリビングは広々

整理収納アドバイザーの森山さんは、元気あふれる6歳の今日(きょう)ちゃん、工作が上手な5年生の雄仁(ゆうじん)くんのママ。木の香りが漂う家に家族4人で暮らしています。

吹き抜けのあるリビングは、余分なものがなく、すっきり！ その秘けつは収納場所を限定すること。家族で使う日用品や本は、天井までの収納棚と壁面収納の2か所に集めて収納。その分、子どもが遊べる広々空間を確保しました。収納場所が少ない分、子どもには収納かごを用意。よく使うおもちゃやお絵描きセットは、かごに入れ、ソファの下やテレビ台の中に収納しています。移動できる専用のかごを使うことで、お子さんは自然に片づけが身についたそうです。

遊び
スペース

テレビ前はテーブルも置かず、パズルやゲームなどを広げて遊べるようにしている。光が差しこむ心地よい空間。

リビングで遊ぶものはかごに

テレビ台の中にもバスケット［P. 122-22］が。パズルやカードゲーム、けん玉など、リビングでよく遊ぶものを入れている。

LIVING

リビングで勉強や遊びができるようスペースづくりを工夫

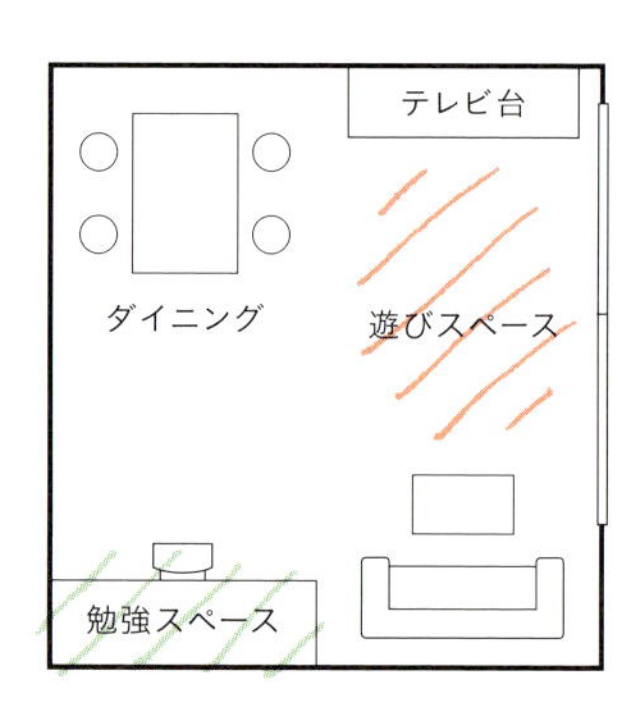

勉強空間とダイニング空間には、つくりつけの収納以外、収納家具を置かないようにしている。その分、中央の空間は広々している。

リビングの中にあるワークスペース。大きなデスクは、子どもはもちろん、家族全員で使うことができる。デスクの下は、子どものものを収納している。

つくりつけの広々デスクは、家族共有。最近は、勉強時間が増えた雄仁くんが使うことが多い。

学校セット置き場を確保

学校から帰宅後、すぐにランドセルや手荷物が置ける、専用の置き場がある。これで、ものが散乱することはないそう。同様に今日ちゃんにも園バッグや帽子などの幼稚園セット置き場を確保。

遊びスペースと勉強スペースを区分けしたリビング

家族といつも一緒にいたいという思いから、遊べる空間と、勉強できる空間をリビングにつくった森山さん。

テレビ前の大空間は、家具を置かず、おもちゃを広げたり、ゲームをしたり、子どもが楽しく遊べる場に。ワークスペースは、勉強に集中できるよう、遊びのものを置かないようにしています。机の下の収納には、雄仁くんの勉強道具や本などを収納。下部には、園バッグやランドセルを置く場所もあり、兄妹それぞれが、帰宅後に荷物を片づけられるようにしています。

子どものものに関しては、細かく指定せず、ざっくりと収納しているそう。片づけがラクなので、遊んだらすぐに元へ戻してくれるといいます。

LIVING

収納棚で家族が使うものを集中管理

指定席があるから誰でも片づけられる

美しいリビングをキープするポイントといえるのが、リビングの収納棚。奥行き28cm、幅57cmと決して大きくはないけれど、文具、薬、書類など家族で使うものをうまく整理して収めています。目的別に小引き出しや箱、ポーチなどに分けて、それぞれラベリング。指定席を書くことで、戻す場所がわかります。お子さんたちも〝出したら戻す〟ができるようになったそうです。

下段　家族全員が使うものを入れる

子どもも使用する薬や文具、ハンカチなどを収納。小引き出しで、ジャンルごとに収納し、すべてにラベリングしている。

❶ 朝、ハンカチはここからピックアップ

毎日使うハンカチは、家族全員分をこの場所に。ラタン長方形ボックス[P. 122-26]はハンカチにちょうどいいサイズで、子どもでも取り出しやすい。

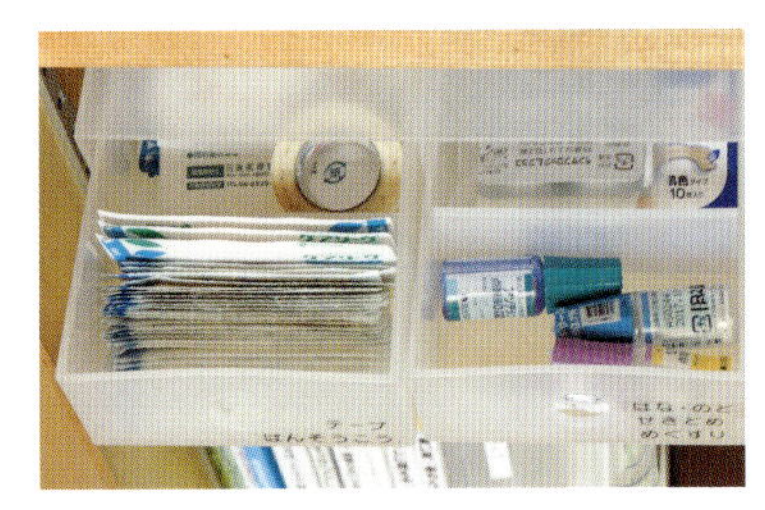

❷ 子どもが使う薬は引き出しの手前に

横置きにした小物収納ボックス[P. 124-51]に、薬を種類ごとに分けて収納。子どもの薬は手前に入れて、取り出しやすくしている。

＼オススメ／
無印良品item

ポリプロピレン メイクボックス・1/2横ハーフ
¥200 [P. 125-63]

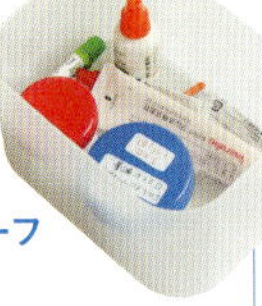

半透明のメイクボックスは、細かいものを入れるのに便利。今日ちゃんが使う数種類の常備薬は、ボックスの中にまとめて収納。

❸ 手紙は“老後の楽しみ”として保存

子どもたちが書いた手紙やカードが入っている「思い出箱」。子どもたちの手が届かないところに置いている。

❹ 仕事でも使う ラベルづくりの道具はまとめて

ラベリングするためのグッズは、さっと取り出せるように長方形バスケット［P. 122-28］にひとまとめに。

上段 大人が使用するものだけを入れる

子どもの手が届かない場所なので、診察券や重要な書類、子どもには触ってほしくない器具などを箱やポーチに小分けして入れている。

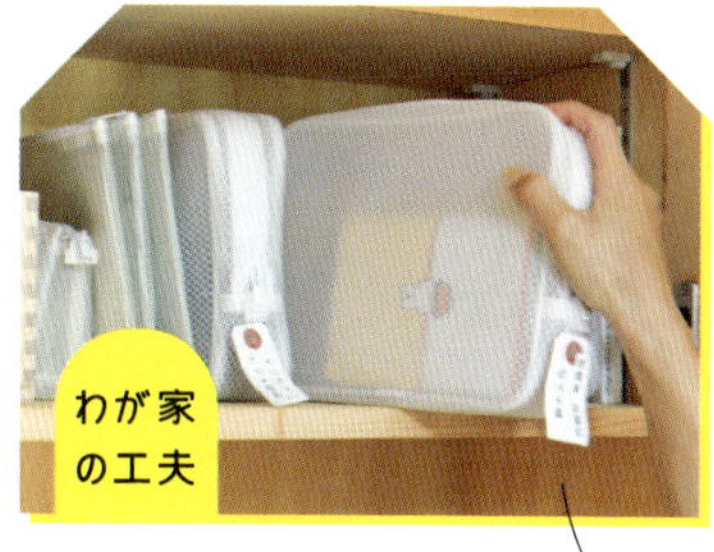

❺ ポーチを取り出せば 目的のものがそろう

病院セットや明細書セットなど、目的別にEVAポーチ［P. 126-83］に入れて収納。必要なものが一度にそろう。病院セットには、母子手帳や診察券を入れている。

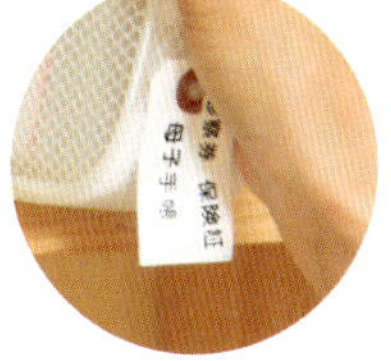

タグをつけてわかりやすく。

❻ ファイルボックスで コードを目隠し

コンセント類は表から見えないよう、ボックスの中にさりげなく隠した。コードがからまることもない。

KIDS ROOM

簡単に片づけられるよう
種類ごとに
ボックスや袋にまとめて

小さくて細かいものは
ふたつきの容器に

パチンコ玉や小物づくりの材料など、小さなものは、詰替ジャー［P. 127-100］に。透明で、ふたができるプラスチックの容器は、小物収納にピッタリのアイテム。

バスケットやかごは
ざっくり収納に最適

ぬいぐるみやブロックは、バスケットやかごに入れると子どもでも片づけやすい。［P. 122-24/29］

お気に入りのおもちゃは見せて収納

見た目もおしゃれな陶器や木のおもちゃは飾って収納。「自然素材のおもちゃに興味を持ってほしいので、手に取りやすい場所に置いています」

Ⓐ 壁に付けられる家具・棚[P.123-43]
Ⓑ ステンレスユニットシェルフ・オーク材棚セット[P. 124-45]

小さな作品もポールに飾れば、こんなにかわいく!

インテリアショップで購入したクリップつきのポールに子どもの小さな作品をディスプレイ。

シェルフの上段はミニギャラリーに

工作が得意な雄仁くんの作品。力作なので、目立つ場所に飾っている。

キャスターつきならしまうのもラクラク

大好きなおままごとセットは、すぐに遊べるように、キャスターつきのボックス[P. 121-13/7]に。遊んだあとは、ざっと入れるだけでOKとしている。

**1種類1ケースなら
付属品も上手におさまる**

人形セットはEVAケース［P. 126-84］に、キャラクターの衣装は100円ショップのビニールケースに収納。付属品までまとめて入れることで、他の種類と交ざらないですむ。紛失防止にもおすすめ。

KIDS ROOM

付属品のあるおもちゃは ビニールケース収納で 片づけやすく

**おもちゃを通して
片づけレッスン**

2階には将来、個室となる9畳の子ども部屋があります。いまは今日(きょう)ちゃんのプレイルームとして活用。最近、この部屋に三段のユニットシェルフを購入しました。ステンレスと木製の組み合わせがシンプルで、パーツや棚板を加えると他の用途にも使えることが購入の理由だそう。この棚に、かごやビニールケースなどのグッズを使い、おもちゃを小分けして収納。おもちゃを通して、片づけができるよう、上手に配置されています。

＼オススメ／

無印良品item

**18-8ステンレス
ワイヤーバスケット3**
¥2,300［P. 123-32］

中が見えるバスケットの中に、半透明のEVAケースを小分けして入れている。これなら、遊びたいものがすぐに取り出せる。

CLOSET

兄妹の引き出しは マスキングテープで 色分けする

ピンク＝妹

ブルー＝兄

ブルー＋ピンク ＝ 共用

open

柄が見えるように服は立てて収納

入っている服の色味がわかるように、立てて収納しているのがポイント。子どもは自分で服を選び、取り出すことができる。

兄妹の区別をつけるのは 色違いのマスキングテープ

家族のウォークインクローゼットの一角にある子どもスペース。引き出しにはブルーとピンク、色の違うマスキングテープを貼り、兄妹の区別をつけている。

子どもの作品は 1箱に限定して保管

子どもの作品は、段ボールのボックスの中に。1人1箱と決めて、この中に入るものしか保存しないようにしている。子どもと一緒に時々見ては、整理しているそう。

ママみたい、 洋服たたみに挑戦中！

立てて収納できるように、洋服たたみを練習中。服を四角にたたむのがポイント。「上手にできたね」とほめられると、楽しくお手伝いできるよう。

CASE 3

遊び心いっぱいの収納テクで

ゲームのようにお片づけ

稲葉春奈さん
整理収納アドバイザー

間取り：2LDK・マンション
家　族：夫婦、長男（5歳）

LIVING

定番の「オープン棚＋ボックス」で おもちゃをわかりやすく収納

子どもの色を消したおもちゃ収納

スタッキングシェルフ［P. 123-34］とソフトボックス［P. 122-19］を組み合わせたリビングの収納。10個のラックの中は、すべておもちゃが入っている。

ソフトボックスの中も箱で仕切って

四隅がきっちりしないソフトボックスには、段ボールのファイルボックスを入れて固定。間仕切りにもなる。

子どもでも運びやすく たっぷり入る！

入っているものの写真を撮って、ラベリング

ネームプレートに写真を入れて、どんなものを収納したか見やすく工夫。

子ども用の収納は楽しくわかりやすく

片づけが大の苦手だったという稲葉さん。子どもには、小さいときから整理上手になってほしいと考え、自宅には楽しく片づけができるアイデアいっぱいの収納を取り入れました。

例えば、おもちゃ収納は、おもちゃの写真をプリントしたラベルをつけて、指定席がひと目でわかるようにしています。また、色分けで収納場所を示したり、駄菓子屋風のお菓子収納をつくったり、ゲーム感覚で片づけができる工夫もしています。おかげで5歳の凛太郎くんは、自然と片づけができるようになったそう。

人が集まるリビングは、子どもっぽい収納家具を置かないことで、シンプルでおしゃれなインテリアが維持できています。

自分で片づけできるよ！

凜太郎くんが大好きな電車遊び。ソフトボックスを取り出し、遊んで、片づけまで、全部１人でできる！

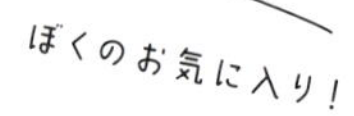

リビングに置いた子どもだけの秘密基地

お気に入りのカーテントは、１人になれる秘密基地のような空間。

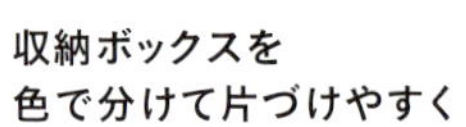

収納ボックスを色で分けて片づけやすく

テントの中は図書館に。市販の段ボール棚と、収納する本に、同じ色のテープが貼られている。これなら戻し場所が一目瞭然！

デジタル用品は上手に隠して収納

最近、カメラにはまっている凜太郎くん。シャッターチャンスを逃さないよう、リビングに置いている。カメラなどのデジタル用品は、木のボールに入れて、おしゃれに収納。

ENTRANCE

子ども目線で“しまいたくなる”靴箱に

子ども用の段は、子どもの目線の高さに合わせて、しまいやすくしている。

屋外で遊ぶ道具は玄関に

屋外で遊ぶ道具は、キャリーボックス［P. 121-12］に入れて靴箱に。

外で使うものは玄関に集中させて

子どもは、帰宅すると靴を脱ぎ捨て、カバンも置きっぱなしにするなど、玄関まわりをものであふれさせることがよくあります。稲葉さんの家では、外で使うものをほかの部屋に持ち込まないよう、玄関に効率的に収納しています。園バッグや帽子は玄関わきのフックに、外で遊ぶおもちゃは下駄箱の中に。幼稚園から帰宅後、すぐに指定席にしまうので、玄関はいつもすっきりです。

また、靴箱にもひと工夫。オリジナルの足型ステッカーを貼り、靴の置き場所をきちんと指定しました。色つきのカッティングシートを足の形に切り抜いただけのものですが、見た目もかわいくなります。凜太郎（りんたろう）くんにも好評で、足型通りきっちりしまってくれるそうです。

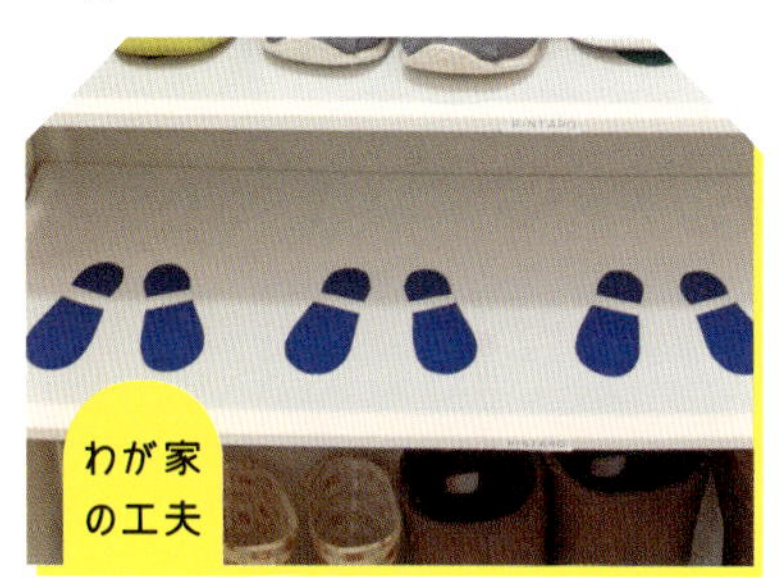

わが家の工夫

手づくりステッカーで収納場所をわかりやすく！

靴を取ると、かわいい足型のステッカーが登場。収納場所がひと目でわかる。ブルーのカッティングシート（防水のもの）に足の形を描き、切り抜いたもの。ほかの場所でも応用できそう。

＼オススメ／

無印良品 item

壁に付けられる家具・フック・オーク材

¥900［P. 123-42］

帰宅後すぐに幼稚園のバッグをしまえるように玄関に取りつけた。※耐荷重2kg

DESK

よく使うものは卓上に出して
細ごました文具は引き出しに！
楽しく学べる子ども空間

POINT

突っ張り棒を使った
つり下げる収納

手の届かない場所には大人の収納を

以前は書斎として使用していた部屋。パパが使っていたデスクを譲り受け、勉強スペースにつくり変えた。手の届かないつり戸棚には、パパのものを収納している。

色えんぴつは透明なポットに

絵が好きな凜太郎くんのために、色えんぴつは一番の特等席へ。アクリルポット[P. 124-47]に入れるとワンアクションで出し入れできる。

工作や絵をインテリアに 色とりどりの空間をコーディネート

大きなコルクボードに作品を飾って、シンプルな空間に華やかさをプラス。飾る作品は親子で選んでいるそう。

英単語を覚えるため ラベリングは英語で

英語を勉強中の凜太郎くん。ラベリングも英語を使っている。

引き出し1つを 作品入れに

思い出の作品を入れるスペース。ここが満杯になったら捨てるルール。

整理ケースを組み合わせて 文具を仕分け

整理トレー［P. 124-54］を利用し、文具を種類別に収納。

CLOSET

子ども目線でレイアウトを決めた、取り出しやすいクローゼット

背丈より少し高めにハンガーポールを設置

110cmの凜太郎くんの高さに合わせ、110cmより2～3cm高めにハンガーポールを設置。背丈より少し高めにポールを設定すると洋服が選びやすい。

朝の身支度

目線の高さに服がかかっているので、選びやすい。

青空のようなブルーに決定!

★ 夜の身支度

パジャマは洗面スペースに

ラタン長方形バスケット［P. 122-22］に3セット用意されている。

わが家の工夫

上下セットでくるくる収納
片手で取り出せるのがポイント！

上下をくるくる巻き込んだオリジナルのしまい方。片手で持つだけで、上下一緒に取り出せるのがポイント。

くるくる収納のたたみ方

1 上着を筒状に巻いて、半分にたたんだズボンの上にのせる。

2 巻いた上着を入れた状態で、ズボンもくるくる巻いていく。

通園セットを結集し自分で準備できるように

幼稚園に入った頃から、自分で通園の支度ができているという凜太郎（りんたろう）くん。その秘けつはクローゼットの中にありました。

洋服をつるすハンガーポールは、凜太郎くんの目線に合わせて低い位置に設置。ハンガーにかけた服が見えることで、好きな柄を自分で選べます。

さらに、引き出し一つに、通園に必要なハンカチ、靴下、運動着などを結集させました。

中をソフトボックスで小分けし、それぞれ3〜4セット用意しています。その中から、一つずつ取り出して準備させているので、忘れものはないそうです。

同様に洗面スペースには、パジャマや下着をまとめた収納ボックスを備えました。

〝一人でできる〟仕組みが、上手につくられています。

引き出しの中は種類別に
ソフトボックスで仕切る

ソフトボックス［P. 122-21］を使って小分け収納されたアイテムを、一つずつ選んでいくだけ！

体操着のTシャツとパンツはセットで収納。

靴下やハンカチもきれいに並べて取り出しやすく。

KITCHEN

駄菓子屋さんをイメージした おやつ収納が子どもに人気！

必殺収納テクで おやつ時間をより楽しく

子どもなら、誰もが楽しいおやつの時間。それをさらに楽しくしているのが、キッチンにある凜太郎(りんたろう)くん専用スペースです。中に、お菓子が20種類ほど詰まったケースが入っています。

ただし、選べるのは1日3個ずつ。専用のお皿に入れるのがルールだそう。これに加えて、ジュースを冷蔵庫から取り出せば今日のおやつは完了です。

〝1日3個〟はカロリーを考えての数。小さい頃から言い聞かせているので破ることはないとか。でも5歳になり、本人の要望もあるので、近々4個に増やす予定があるそう。

自分が好きなものだからか、お菓子をケースに補充したり、ジュースを並べたり、お手伝いも率先してやってくれるそうです。

どれにするか まよっちゃう

選べるのは 1日3個！

お菓子は20種類くらい用意。たくさんあるから選ぶのが楽しい！

わくわく

\ オススメ /

無印良品item

ポリプロピレン
収納キャリーボックス・ワイド

¥1,000 [P. 124-50]

小物入れに便利なキャリーボックスは、重ねることができ、使い勝手抜群。

乾物や粉ものなどが置かれたキッチン内の引き出し。中央の空間だけおやつ収納のスペースになっている。凜太郎くん、毎日1回、ここを開けるのが楽しみ。

選べる高さにジュースを並べて

冷蔵庫の切替室は、子どもの目線に合う高さなので、ジュース専用に。目線に合わせて置くことで、選びやすくなっている。

お客さまへのサービスもお手のもの

お客さまが多い稲葉さん宅。好きなお茶をセレクトしてもらうとき、どれがいいか一緒に選ぶのも凜太郎くんの役目の一つ。アクリル仕切りボックスに整然と並んだティーバッグから、お客さまの好みのお茶を手渡します。

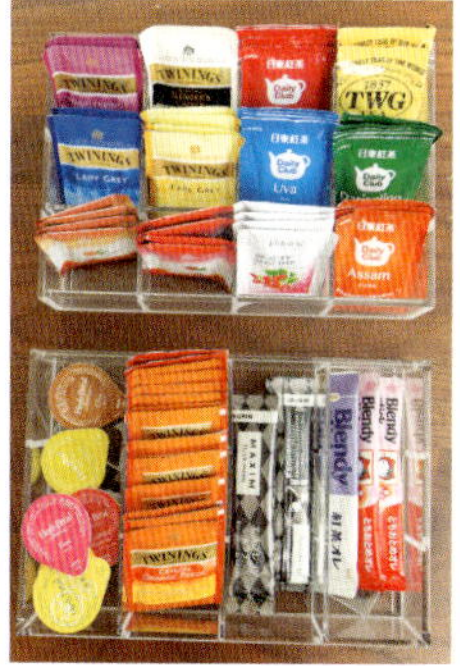

\ オススメ /

無印良品item

重なる
アクリル仕切付ボックス

¥1,800 [P. 124-48]

積み重ねができるアクリルケース。ちょうどティーバッグが入る大きさに仕切れる。中の仕切りは取り外し可能。

高学年 ー 中学年 ー 低学年 ー 年中〜年長 ー 年少

CASE 4

必要なものを見極めて

せまくても広々過ごせる住まいに

小林尚子さん
整理収納アドバイザー

間取り：3LDK・マンション
家　族：夫婦、長女（15歳）、次女（11歳）

LIVING

リビングでも勉強できる！移動できるボックスに勉強道具をひとまとめ

勉強道具はインテリアに合うボックスに

勉強道具の一時置きにはラタンボックスを使用。普段はソファの横の見えない場所に置いている。

＼オススメ／
無印良品item

重なるラタン長方形ランドリーバスケット・フタ付
¥5,500 [P. 122-25]

積み重ねができるふたつきのボックス。深さがあるので、ワークブックのほか、鉛筆などの文具も入れられる。

リビングなら家族のそばで勉強できる

ナチュラルなインテリアが印象的な72㎡マンションにお住まいの小林さん。せまいからこそ、収納家具は極力置きたくないと、リビングにはチェストとテレビ台しか置いていません。

ただ、小学生のあいちゃんには、リビングの中に勉強用と遊び用、移動できる二つの収納ボックスを用意しました。お姉さんが受験生のため、今はリビングで勉強することも多いそう。家族のそばで勉強することで、宿題や課題も効率よく進められるようです。

〝品質のよいものを選び、余分なものを持たない〟という信条をお持ちの小林さん。その思いを受け継ぎ、娘さんたちも新たなものを購入するときは、よく考えて選んでいるそうです。

チェストに家族が使う日用品を収納

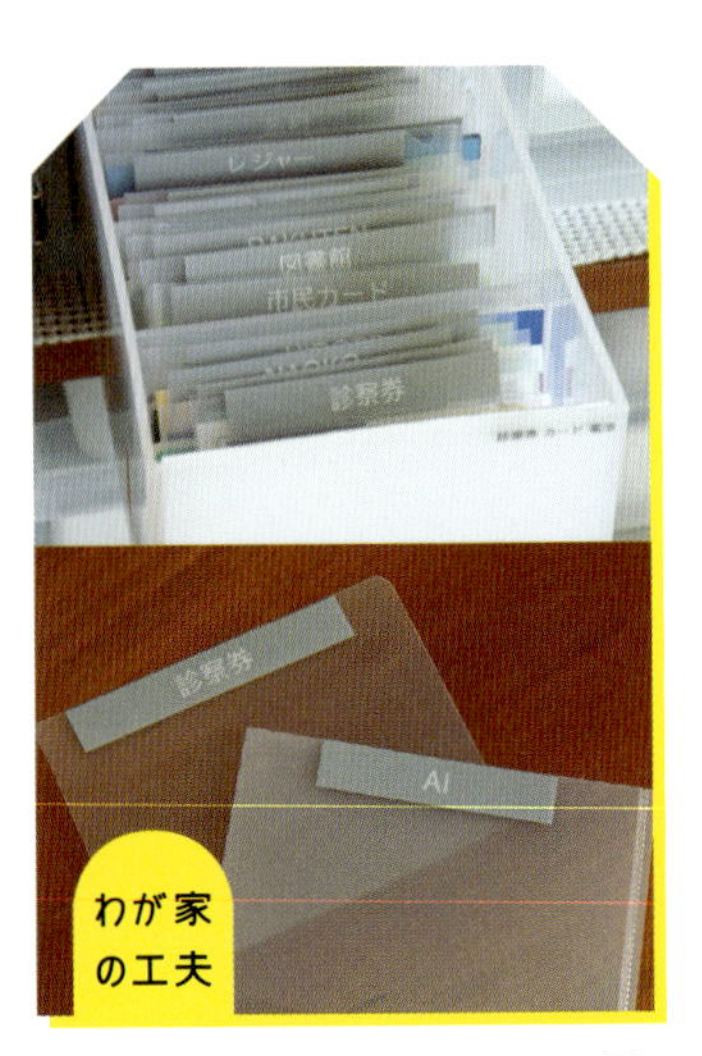

カード類は、ラベリングした仕切りで一括整理

保険証や診察券などのカードは、分類して1か所に収納。間仕切りは、ファイルケースを切って、ラベルを貼り、手づくりした。

チェストの中は、文具や書類、薬など家族で使うものをすべてラベリングして収納。どこに何があるか、すぐにわかる。Ⓐ〜Ⓓポリプロピレンケース[P. 121-3/6/5/4] Ⓔ整理ボックス[P. 125-64]

友だちや親せきに手紙やカードを書くのが大好きなあいちゃん。チェストから手紙セットを出して、リビングで書くことが多い。

引き出しごとテーブルへ運べる！

封筒、便せん、カードは1つの引き出しに

手紙を書くためのグッズは、ポリプロピレンケース[P. 121-5]に。引き出してテーブルに持っていくことも可能。

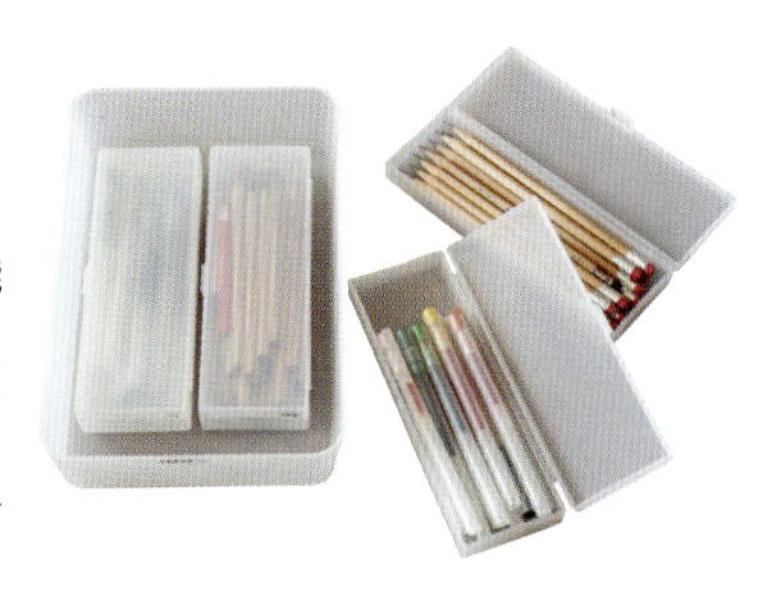

ふたつきペンケースなら持ち出すことも可能

筆記用具は種類ごとに分けてペンケース[P. 124-59]へ。家で使うだけでなく、そのまま外へ持ち出すこともできる。

紙類はごちゃつかないよう間仕切りで整とん

姉妹がよく使う、かわいい便せん。ケースや紙で間仕切りをして、整理しやすく。

朝のセッティングはまかせて！

朝食の食器や箸は、ラタンバスケット[P.122-23]に入れて収納。これをダイニングテーブルに持っていき、コーディネートするだけだから、お手伝いも長続き。ウェイトレス気分で楽しんでいます。

リビングで遊ぶおもちゃは収納スツールにまとめて

普段はイスとしても使っているスツール。中を開けると、あいちゃんがリビングで遊ぶおもちゃが入っている。持ち運んで、別の部屋で遊ぶこともできる。

＼オススメ／
無印良品item

ポリプロピレンスツール
¥3,900 [P.121-14]

イスとしても、収納ケースとしても使えるスツール。おもちゃなどをざっくり入れるのに便利。取っ手がついているので、持ち運びも簡単にできる。

PICK UP! 思い出の品を省スペースで残す

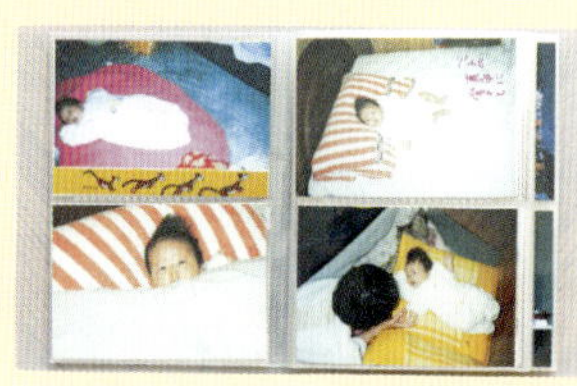
写真は1年にアルバム1冊と限定した。

ただ処分するのではなく、原画の一部を残すことで子どもも納得できる。

アルバムに入らない写真や作品は、A4のファイルに入れて保管。

子どもが20歳になるまでのアルバムを確保！

子どもの写真、作品など、たまる一方の思い出の品をコンパクトに収めている。アルバムは、娘さん2人が20歳になるまでの分をすでにストック。1年間に1冊と数を決めて、写真をセレクトしているそう。また、処分する作品は写真に撮り、作品の一部を切り取って、写真と原画をセットにしてアルバムに収めている。

ものを表に出さないことで、せまさを感じさせない空間に

中学3年生のさくらちゃん、小学5年生のあいちゃん姉妹が二人で使う子ども部屋は、広さ6畳。この中に、二人分の机と引き出し、2段ベッドが配置されています。普通なら、かなりせまく感じるはずですが、机の上や床面にものを置かないよう約束することで、窮屈さを感じさせない空間を維持しています。また、一つ買ったら、一つ捨てるように伝えてきたことで、必要なものしか持たない習慣がついたといいます。

それでも、収納場所は必要なもの。壁面の棚やベッド下などのデッドスペースをフルに活用しています。とくにベッド下は、一番の広い収納庫。過去の学用品やおもちゃなどはボックスに〝隠して〟収納しています。

一角だけ設けたディスプレイコーナー

姉妹で一緒に使う飾り棚。余計なものがない子ども部屋の中で、唯一の“見せ場”になる空間。アクセサリーやグリーンを置いて華やかに。

ファイルボックスで参考書を整理

受験生のさくらちゃんが使うファイルボックス[P. 124-53]。参考書を教科に分けて収納。

忘れ物を防ぐため、前日から準備

ステンレスワイヤーバスケット[P. 123-31/32]を2つ重ね、下は明日使うもの、上は今日使うものを準備。1日終わったら、ものを入れ替えるルールに。

5段の引き出しに学習用品を結集

ポリプロピレンストッカー[P. 122-15/16]を組み合わせた、デスク用の引き出し。幅が18cmとせまいが、教科書や文具など、必要なものがきちんと入る。

つるす、引き出すを上手に配置し使いやすいクローゼットに

限られたスペースだからルールを決めて使いやすく

子ども部屋の脇にあるのが、L字型のウォークインクローゼット。1畳弱のスペースですが、姉妹の衣類や小物がすべて収められています。

L字の壁面を、姉妹で一面ずつ分けて使用しています。使いやすさを考えて、上の棚には季節外のもの、ポールには日常使いの衣類、腰の高さの引き出しにはハンカチ、靴下を収納。使用頻度を考え、よく使うものを手の届く場所に配置しています。

小林さんの家では入れる場所がなくなったら、いらないものを処分するのがルール。子ども服はすぐに着られなくなるので、親子で定期的に見直して、リサイクルに出したり、友人に譲ったりしています。入れるスペースが決まっているので、娘さんたちは、必要なものをよく考えてから購入するようになったそうです。

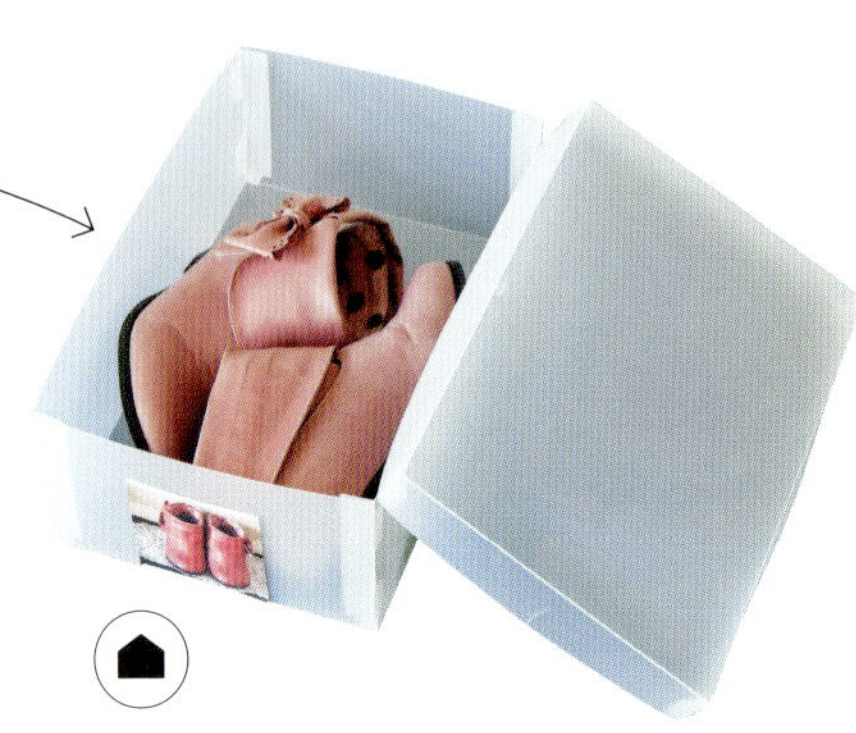

写真をプリントしてラベルに！入れた靴がすぐわかる

季節外の靴、冠婚葬祭用の靴は、クローゼットの上部に収納。写真を撮ってプリントアウトし、ボックスに貼っている。これならひと目で、ほしい靴が探せる。

休日用のおしゃれグッズはバスケットにひとまとめに

形が不ぞろいなおしゃれ小物は、ステンレスワイヤーバスケット [P. 123-33] に入れてひとまとめに。ワイヤーだから、中身が見えて取り出しやすい。

共有	妹
姉	

2面に分けられたクローゼットで姉妹の空間を

2人で仲よく使えるよう、同じ収納グッズでクローゼットをレイアウト。このスペースのおかげで、子ども部屋は余分なものが露出しないですむ。

季節外の衣類は、ソフトボックスに

上の棚には、季節外の衣類を収納。高いところに置くので、軽くてたっぷり収納できるソフトボックス［P. 122-20］を使用している。

家中同じハンガーで統一！
整理しやすく、家事もラクラク

アルミ洗濯用ハンガー［P. 127-96］で統一。軽くて取り出しやすく、子どもにも使い勝手がよい。洗濯したあとこのハンガーに干し、乾いたらそのままハンガーポールに。

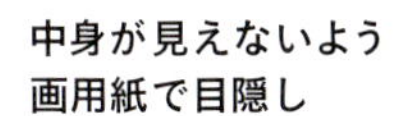

中身が見えないよう
画用紙で目隠し

ハンカチや靴下などは、クローゼットケース［P. 121-9］に。高学年になったので、中身が見えないように、画用紙を入れて目隠しをしている。

HOBBY SPACE

ママ自慢の
ソーイングスペース
最近は子どもたちが
占領することも

POINT

奥に置いたカラーボックスの中に、収納ケースを配置

POINT

クローゼットの棚板をワークデスクとして利用

クローゼットの中段をソーイングスペースにリメイク。ミシンやアイロンや手芸道具がそろっている。ハンドメイド好きの娘さんたちも、休日になるとここに座り、ぬいぐるみや布小物をつくっているそう。

やさしい雰囲気の木の引き出しやかごで収納を統一

ソーイングスペースは、ラタンやタモ材などの自然素材の収納グッズで統一。Ⓒ MDFの引き出し（小物収納１段）[P. 124-55] など、小物収納には裁縫道具や布、手芸材料を種類別に収納している。

❹ 無機質なアイロンは布をかけて目隠し

子どもたちもよく使うアイロン。ラタン長方形バスケット [P. 122-22] に入れ、布をかけて雰囲気を損なわないように配慮。

＼オススメ／

無印良品item

MDF小物収納3段（左・右）
¥2,500 [P. 124-56]

MDF小物収納6段（中央）
¥3,000 [P. 124-57]

表面にタモ材を使った、小物を整理するのに便利な収納シリーズ。引き出しを入れ替えれば、縦でも横でも使用できる。

❶ 使用頻度の高い道具はトレーに

よく使う裁縫道具は、透明な Ⓐ アクリルポット [P. 124-47] や Ⓑ アクリル小物スタンド [P. 124-49] に収納し、トレーにひとまとめ。トレーごと持ち出して使う。

❷ 裁縫道具を入れるのにピッタリの小物収納

糸や針、ボタンやレースなど、細ごましたものが多い裁縫道具。MDF小物収納なら、1種類ずつ入れられて便利。

❸ 布は柄が見えるように立てて収納

子どもたちがよく使う小さな布地は、ラタンボックス [P. 122-27] に。

Column

たくさんそろえたい！　でも悩ましい…

増えていくブロックの収納アイデア

創造力を養えるといわれるブロックですが、大作になるほどブロックの数も増え、収納も大変。そこで、収納上手のママたちによるブロックの収納方法をご紹介します。

1

布をひっぱればさっと片づけられる手づくり収納

「布を広げてブロック遊びを楽しみ、ひもを引っ張れば一気にブロックを片づけられます。リュックのようにして持ち運べるし、かけて収納もできるんです。これをつくってからは、“早く片づけて”と言うことはなくなりました」
（ソーイング作家・今野祐子さん／子ども6歳）

リュックのようにして持ち運ぶことも可能。

用意するもの

- 布
- ハトメ（環状の金具）
  ※100円ショップや手芸店で購入できる
- 太めのひも

作り方　※ケガをしないよう、十分注意して作業してください。

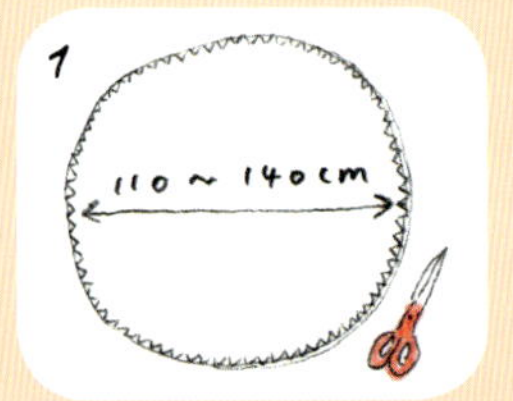

円形に切った布を2枚用意し、重ねてふちを縫う。

目打ちなどで12か所に穴を開け、ハトメを取りつけて穴を固定する。

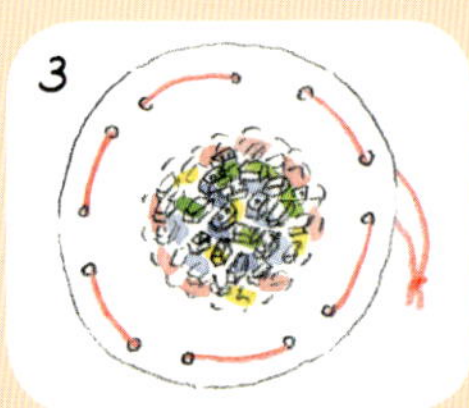

2に太めのひもを通せば完成。

2

引き出しで色分けし作業を効率化

無印良品の引き出しは、半透明なので使いたい色がすぐに見つかる。

「無印良品の引き出しを利用して、引き出し1つに対し、1色のブロックを収納しています。細かいパーツは種類ごとに100円ショップのケースに。片づけは少々大変ですが、つくるときにはほしい色がすぐ取れて効率的です」（ブロガー・imoomさん／子ども10歳）

4

無印良品でできる子どものお手伝い

日々の暮らしの中には、子どもが伸びるチャンスがたくさんあります。
「ちょっぴりお手伝いさせる」「新しいことに挑戦させてみる」など、
いつもの生活から一歩先へ進んでみませんか？
その際、「やらされている」感覚を抱かせないよう、
子どもの興味を引く工夫をするのがポイントです。

ここでは、ライフオーガナイザーでパティシエの
かのえつこさん＆ういちゃん（5歳）親子に協力してもらい、
いろいろなお手伝いアイデアをまとめました。

AM7:00

自分でお着替え

「自分でできる」を
大切に！

おはよう。
まだちょっと眠いよー

＼オススメ／

無印良品item

ポリプロピレンクローゼットケース・引出式・大
¥1,500 [P. 121-10]

ポリプロピレンケース用・不織布仕切ケース・中・2枚入り
¥500 [P. 121-8]

適度な深さで子どもも取り出しやすいと、かのさんの家ではこのサイズを愛用中。仕切ケースを使って、ジャンル分け。

ケースには手づくりラベルを貼って、わかりやすく。

子どもでもできるラベルのつくりかた ➡ P.112

トップスのたたみ方

背中側を上にして置く。横幅4分の1程度で折り、袖も折り返す。

子どもでも選びやすい！
洋服収納のコツ

ひと目で選べるよう「立てて収納」が鉄則。隙間がないと取り出しにくいので、引き出しの深さより少し低めにたたむのがコツ。

反対側も同じように折る。

赤ちゃんサイズなら2つ折り、110 cmサイズは3つ折りなど、服のサイズによって折りたたむ回数を変える。

ボトムスのたたみ方

四角形になるようスカートの裾を折る。

2つに折る。

子どもが自分で選べる！洋服収納のポイント

気持ちのよい一日は、お着替えから始まります。洋服のコーディネートは親の楽しみの一つですが、子どもが「自分で選ぶ力」を育むことも大切。収納を工夫して、選ぶことを楽しめる環境を用意してあげましょう。

かのさんの家では、洋服は立ててしまうのが基本です。こうすることで、色や柄がひと目でわかり、子どもが選びやすくなるからだといいます。また、衣装ケースの中を3つに仕切っているのもポイントです。

「仕切りは、春・秋／夏／冬の3ジャンルにしています。仕切りごと位置を入れ替えられるので、衣替えをするときにラクができますよ」

立てて収納

ひと目でわかって取り出しやすい！

手前にオンシーズンのもの、真ん中にオールシーズン（春・秋）のもの、奥にオフシーズンのものを収納。

AM7:30

朝ごはんの準備

「ちょっとのお手伝い」を
習慣づける

楽しい食卓の管理を子どもに任せる

パジャマから着替えたら、おいしい朝食の時間です。だけどその前に、テーブルふきをお忘れなく。水でしぼったふきんで、さーっとふくだけだから、子どもでも簡単。テーブルふき

テーブルふきはわたしの役目！

青いふきんは食器用。使い分けられて便利。

＼オススメ／

無印良品item

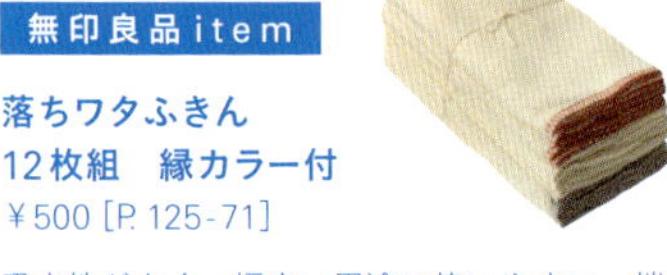

落ちワタふきん
12枚組　緑カラー付
￥500［P. 125-71］

吸水性がよく、幅広い用途に使いやすい。端の糸の色が３種類あり、色で用途を決めれば、子どもも間違えずに使える。

用のふきんを決めて、日課にしていきましょう。

「毎日繰り返すことで、食卓をきれいにする大切さを理解してくれればうれしいですね」

盛りつけは遊び感覚で彩りの変化を楽しむ

パティシエとしても活躍するかのさん。彩り豊かな食卓の大切さを学べるようにと、ういちゃんに、料理のお手伝いをお願いしています。

「サラダの盛りつけは、遊び感覚でできるお手伝いですよね。かわいいお皿を使うだけでも、子どもの反応は変わります」

お手伝いが楽しければ、野菜嫌いな子でも、「食べてみよう」という気持ちがきっと芽生えるはずです。

サラダを盛りつけてみよう！

レタスときゅうりをお皿に盛りつけ。グリーンだけだとちょっとさみしいね。

パプリカも加えてみよう。カラフルになってきた！

完成。彩りがきれいでとってもおいしそう。

＼オススメ／

無印良品item

こども食器・磁器・仕切皿

¥1,500 [P. 125-67]

仕切りがあるので盛りつけやすい。形をどうやって生かすのか、子どもの想像力を試しても。

AM8:30

お手伝いに
ゲーム要素を

みんなでおそうじ

サイコロをつくるのが難しければ、アイスの棒などでくじ引きをつくるのもよさそう。

今日は何が出るかな？
お手伝いに遊び心をプラス！

好きなことは喜んでやるけれど、イヤなことは絶対にしない。昨日はやったけど、今日はしない……。子どもにお手伝いをしてもらうのは、簡単ではありません。もちろんういちゃんも、いつも積極的に手伝ってくれるわけではないそうです。

そこで今回は「お手伝いサイコロ」を導入してみました。出

モップだとゴミが集めやすいね！

どのそうじ用具を使おう？

そうじには、7種類のヘッドがつけ替えられるアルミ伸縮式ポールを使用。場所ごとに、どのヘッドを使えばそうじしやすいのかを聞けば、クイズ感覚で効率のよいそうじ方法を覚えられる。

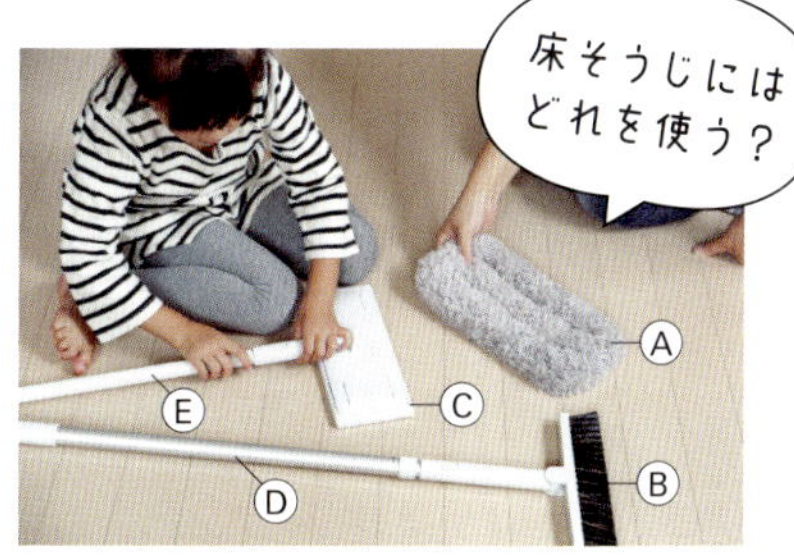

Ⓐ フローリングモップ用モップ／ドライ ［P.127-94］ Ⓑ ほうき ［P.127-87］ Ⓒ フローリングモップ ［P.127-88］ Ⓓ アルミ伸縮式ポール ［P. 126-86］ Ⓔ 軽量ショートポール ［P. 127-95］

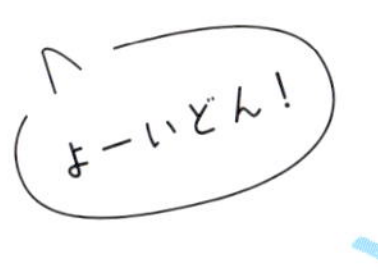

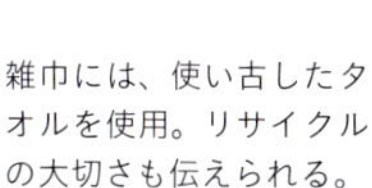

雑巾には、使い古したタオルを使用。リサイクルの大切さも伝えられる。

＼オススメ／

無印良品item

オーガニックコットン混
その次があるやわらかフェイスタオル／オフ白
¥700［P. 126-85］

超長綿を使った、やわらかく、しなやかな風合い。ラインに沿って切るだけで雑巾などに再利用できる。

掃除用品システム
アルミ伸縮式ポール
¥390［P. 126-86］
ヘッド ¥390～¥790
［P. 127-87～93］
軽量ショートポール
¥190［P. 127-95］

ワンタッチボタンで簡単にヘッドを交換可能。ヘッドはほうき、フローリングモップ、カーペットクリーナー、スキージー、マイクロファイバーハンディモップ、バス用スポンジ、ブラシの7種類。

た目でお手伝いが決まるドキドキ感が楽しいのか、ういちゃんもノリノリです。サイコロの目全部がお手伝いの内容だと、すぐに飽きてしまうので、「あたり！　おやつ1個」「もう1回サイコロをふる」など、ゲーム性の高い内容を入れて、子どものやる気を引き出しましょう。

AM11:00

お弁当づくり＆おでかけ

好きな具を詰めて自分のおにぎりをにぎろう！

鮭、梅干し、シーチキン…。今日はなんの具にする？　ラップにのせたごはんに好きな具を詰めて、子どもにおにぎりをにぎってもらいましょう。

「ラップを使うと手のひらに米粒がつかないから、子どもでも簡単にできますし、嫌がらずにやってくれます」

小さな手でギュッギュとにぎるういちゃん。とても楽しそう。「砂場でおだんごづくりを楽しそうにしていたので、実際に食べられるおにぎりはもっと楽しいみたいです」

「簡単」「楽しい」が、子どものお手伝い意欲を高める秘けつのようです。

かわいいお花、見一つけた。

外で食べるお弁当って、おいしいね。

できたよ

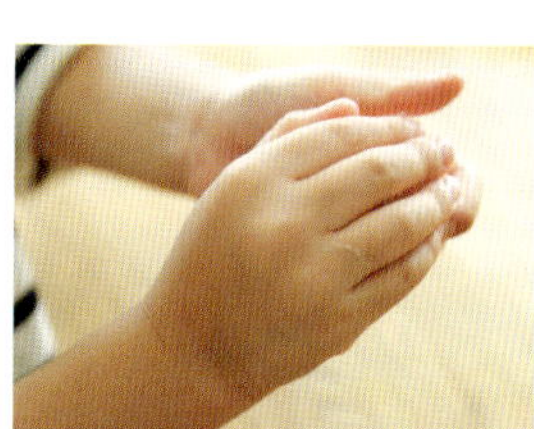
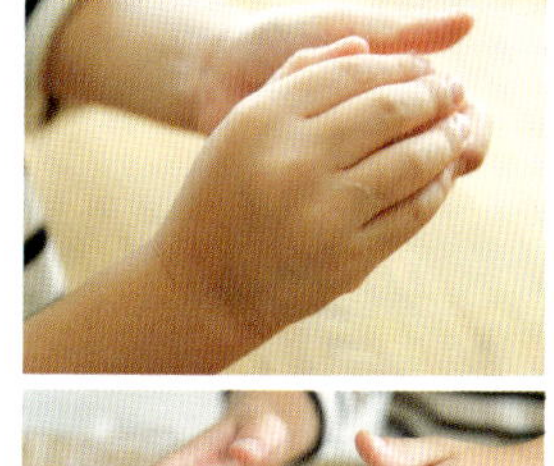

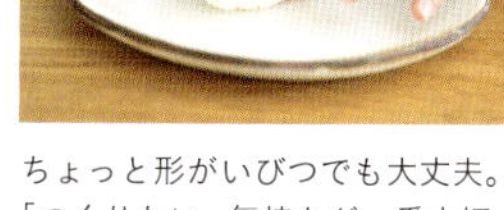

ちょっと形がいびつでも大丈夫。
「つくりたい」気持ちが一番大切。

おにぎりポーチにつめて、
準備万端！

リュックや帽子を自分で準備して、さあ出発

子どもが入園したら、身のまわりのことを自分でやらせる家庭が多いのではないでしょうか。かのさんの家では、リュックや帽子は子ども目線の位置に収納。子どもが自分で準備できるよう工夫しています。

「玄関の近くにコートスタンドを置いて、お出かけグッズをまとめてあります。子どもが準備しやすいよう、動線を考えることが大事ですね」

ブナ材コートスタンドの下段は、子どものアイテムをかけるのにちょうどよい高さ。

無印良品item

おにぎりポーチ 2個用
¥1,000
[P. 125-73]

おにぎりを持ち歩けるポーチ。型くずれしにくい。ネイビー、ネイビー×ボーダー、赤×ボーダーの3種類。

ブナ材コートスタンド
¥6,300 [P. 127-97]

スペースをとらない3本足のコートスタンド。大人用のものと子ども用のものを分けて使えて便利。

PM1:00

植物の世話

子どもに「責任感」を

植物を育てることで命の大切さを知る

「植物も生きている」といくら言葉で説明しても、子どもにはなかなかピンときません。草花は水をあげないと枯れてしまうこと、くだものや野菜が育つためには時間がかかること。子ども自身が植物を世話することで、命の大切さを理解していきます。かのさんも、植物の水やりはういちゃんに手伝ってもらっているそうです。

「実際に枯れてしまった様子を見て、気づくこともたくさんあると思うんです」

その実体験が責任感につながるのかもしれません。

花が大好きなういちゃん。今日、散歩で摘んできた花も、楽しそうに生けていました。

うーん

できた！

水やりがちゃんとできたらカレンダーにスタンプを

「大切だから」といっても、なかなか思うように動いてくれないのが子どもです。

そこでおすすめなのがスタンプカレンダー。ちゃんと水やりできたときは、カレンダーにスタンプを押したり、シールを貼ったりします。子どもの達成感につなげれば、お手伝いが習慣化しやすくなります。

ベランダの花の水やりもういちゃんの役目。

水やりができたらカレンダーにスタンプを押そう！　スタンプがたまっていくのも楽しい。

部屋には、壁にかけられる観葉植物を飾っている。ベランダや庭などがないお宅にもおすすめ。

＼オススメ／

無印良品item

壁にかけられる観葉植物

￥3,900 [P. 127-98]
※限定店舗、ネットストアにて販売

壁にかけて楽しめる観葉植物。水位確認の窓があり、子どもにも水やりのタイミングがわかりやすい。

スタンプも自分でつくったよ！

＼できた！／

スタンプ版から好きな形を選んで、ハンドスタンプ用パーツに貼れば完成。

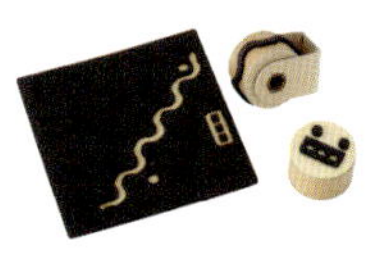

じぶんでつくる紙のスタンプキット

￥1,300 [P. 126-77]

さまざまな形を組み合わせて、自分だけのスタンプがつくれる。

PM2:30
おやつの時間

想像力を膨らませる

簡単につくれるパンケーキでおやつづくりを楽しもう

材料を混ぜて焼くだけのパンケーキは、子どもでもチャレンジしやすい手づくりのお菓子です。材料を混ぜたら、やけどをしないよう大人がしっかり見守りながら、焼いていきます。

パティシエでもあるかのさんのおすすめは、お絵描きのようにパンケーキのデコレーションを楽しむこと。

「どんな形に焼きあがるかも、楽しみの一つですよね。おもしろい形ができたら、それが何に見えるか想像させています」

「車かな？　お花かな？」「あ、おうちに見えるね！」「クリー

1 材料をぐるぐる…

できあがり！

雲だよー

お花にしたよ

ムで雲を描いてみよう！」などと、楽しい会話がキッチンに広がるはずです。自由な発想で、子どもと一緒にお菓子づくりを楽しんでみては？

2 フライパンに落として

プツプツ穴が開いてきた！

4 お絵描きして…

アイシングなどでお絵描き。

3 焼けたー！

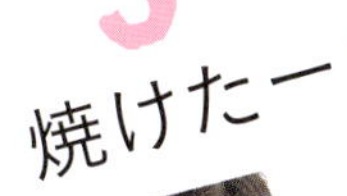

＼オススメ／

無印良品item

自分でつくる米粉のパンケーキ

￥250 [P. 127-99]

国産米粉を使用したパンケーキミックス。卵と牛乳を加え、簡単につくれる。もちっとした食感が子どもにも人気。

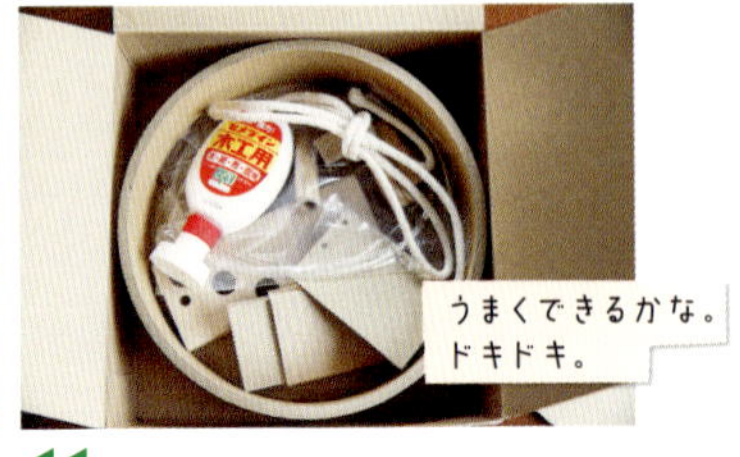

PM4:00

遊びの時間

キットを使えば簡単だね！
みんな大好き、工作の時間

子どもは「つくる」ことが大好きです。何かをつくることは遊びの一つになるだけでなく、集中力や発想力などを育むことにもつながります。

無印良品の『じぶんでつくるシリーズ』は、楽器などを手づくりできるキットです。ずっとこのシリーズのギターをつくり

遊ぶのが1番の仕事

音楽や工作は、雨の日でも家の中で楽しめるからおすすめ！

自由に色を塗ったり、マスキングテープを貼ったりして、オリジナルの楽器づくりが楽しめる。

ジャーン!

たかったというういちゃん。今日は念願叶ってギターづくりに挑戦です!

このシリーズは紙製で、色が塗られていないのが特徴。絵を描いたり、色を塗ったりしてオリジナルに仕上げられます。ういちゃんは赤いクレヨンでハートを描きました。かわいい自分だけのギターができて大喜び。

素敵なギターができあがったね!

※「じぶんでつくる楽器・紙の三弦ギター」はなくなり次第販売終了。

＼オススメ／

無印良品item

ぬれタオルで簡単におとせるクレヨン12色
￥500 [P. 126-78]

手や顔についても水やぬれたタオルなどで簡単に落とせるクレヨン。

＼ 他にこんな楽器もあります ／

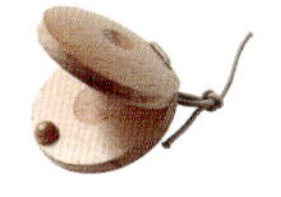

じぶんでつくる楽器・紙のたいこ ￥1,700 [P. 126-79]
はじめての楽器・ミニシロホン ￥4,900 [P. 126-80]
はじめての楽器・カスタネット ￥900 [P. 126-81]

PM6:00

お片づけタイム

片づけのタイミングを
決めて習慣化

「そろそろ片づけよう」と声をかけても、
片づけようとしないういちゃん。

「お片づけタイム」の合図には大好きな曲をかけて。

作戦成功！

音楽がかかったら さぁ、片づけよう！

たくさん遊んだらそろそろお片づけタイム。でも、「片づけの時間だよ」と声をかけても、なかなか遊びモードから切り替えられない子も多いのではないでしょうか。

そんな子には、小学校の下校の音楽のイメージで、この曲がかかったら「お片づけタイム」というルールを決めてしまうのがおすすめです。

また、子どもでも片づけしやすいような収納にしておくこともとても大切です。

「うちではざっとジャンル分けしたボックスに入れるだけなので、娘も片づけやすそうです」

かの家風
作品収納術

絵にワックスペーパー（パラフィン紙）を重ねる。絵がマットになり部屋になじみやすいそう。

リフィールクリアポケットに絵を入れて、端にマスキングテープを貼る。

壁の一角にある作品エリアに貼る。フレームなどを使ってもOK。壁に貼る作品を変えたいときは、はがした絵をバインダーに保存。

上手に描けた作品はバインダー用リフィール&マステで飾る

上手に描けた絵は、フレームなどに入れて飾ったり、バインダーなどに保存したりすると、子どももとても喜びます。

「どの絵を飾りたいかは、子ども自身に選ばせています。片づけを通して、子どもの感性を伸ばしてあげたいですね」

＼オススメ／
無印良品Item

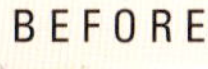

再生紙バインダー
（A4・30穴・ダークグレー）
￥450［P. 125-60］

リフィールクリアポケット
（A4・30穴・15枚入）
￥263［P. 125-61］

バインダーにはリフィールクリアポケットが約50枚入る。リフィールはハガキ用などもある。

PLUS1 IDEA

片づけ前後の写真を撮ってみよう

AFTER　BEFORE

片づいた実感をもたせる

子どもの意欲を継続するためには「やり遂げた」感覚を与えることが大切。「きれいになった」「うまくできた」などが実感できると、子どもの意欲は高まります。

そのためには、片づけ前後に部屋の写真を撮るのがおすすめ。写真を見比べることで、「自分が片づけて部屋がすっきりした」ことが視覚的にわかります。

部屋が広くなったね！

「部屋が広くなったね」などと会話をすることも意識づけに有効。

PM7:00

夕ごはん

今夜はホットプレート 焼きながらわいわい食べよう

野菜が嫌いな子も、園の食育行事では食べられるということはよくあります。ピーマンが苦手だったうぃちゃんも、ピーマンを収穫して焼いて食べるという行事以来、食べられるようになったそうです。子どもの好き嫌いを減らすには、「自分で収穫する」「自分で料理する」のがポイントなのかもしれません。

自分でつくると おいしいね

自分で料理をすると苦手なものも食べられることが多い。

ピーマン、食べてみようかな？

家庭では「ホットプレート焼き」がおすすめです。いろいろな野菜や肉を焼きながら食べることができ、子どもも自分で料理している雰囲気を味わえます。年齢によっては、野菜を切るところからお手伝いさせることも、簡単にできます。ただし、やけどやケガには十分注意してあげてください。

夕食を楽しんだら食器の片づけを忘れずに

自分の使った食器を流しへ運ぶ習慣をつけるためには、小さい頃からの繰り返しが大切です。でも、食器が運びづらい形や大きさだと、面倒くさがってやらなくなってしまうこともあります。子どもの成長に合った食器選びも大切です。

＼オススメ／

無印良品Item

こども食器・磁器碗

小￥350／中￥450／大￥550[P. 125-68/69/70]

用途を選ばないシンプルな形。大きさは小、中、大の３種類。重ねて収納できるのも便利。

デザートのフルーツは旬のものを。野菜やくだものには旬があることも伝えたい。

大人が「ありがとう」「助かる」などときちんと感謝を伝えることが子どものお手伝い意欲を育む。

「食べる」と「片づけ」をセットで習慣化。

ポスターは上下逆さまにしても想像力をかき立てる。泡でお絵描きしても楽しいね。

はみ出しても
すぐ消せる

PM8:00

お風呂

お風呂場は
発想の宝庫！

はみ出したって平気！お風呂場で思う存分お絵描きを楽しむ

シャボン玉をしたり、お絵描きをしたり。水で洗い流せるお風呂場は、子どもの感性を育むのに絶好の場所です。

今日は、『おふろポスター・らくがき』をお風呂場に貼って、いつもと違うバスタイム。水色の部分を海に見立てたり、上下逆さまに貼って空に見立てたり。ういちゃんは、自由な発想でお絵描きを楽しんでいます。

「付属のスポンジで簡単に消せるから、いろんな絵を描いて楽しめます」

気づけばういちゃんは、せっけんでつくった泡で雲を描いていました。子どもの自由な発想には、大人が驚かされます。

自分でパジャマに着替えたら
お楽しみの絵本タイム

お風呂から出たら、パジャマに着替えて寝る準備。ボタンをかけ違えたり、裏表に着たり、お着替えには失敗がつきものですが、子どもが「一人で着替えられた」という達成感を得られるよう、成長に応じてパジャマを変えてあげることも大切です。

寝室ではお待ちかねの絵本タイム。寝る前に読む絵本は、子どもの〝寝るスイッチ〟にもなります。かのさんも、ういちゃんが赤ちゃんの頃から続けているといいます。絵本を読む優しい声が、子どもの健やかな眠りへとつながりそうです。

「お着替えパジャマ」なら、ボタンもかけ違いにならず子どもでも着替えやすい。

今日も楽しかったね。

おやすみなさい。

＼オススメ／

無印良品Item

水でぬらして貼る おふろポスター・らくがき（B3サイズ）
¥1,000 [P. 126-75]

お風呂の壁に貼って使う、らくがき用のポスター。別売りのおえかきセットを使って、自由に楽しめる。

おふろポスター用 おえかきセット （3色セット・スポンジ付）
¥1,000 [P. 126-76]

お風呂場で使える描画材。付属のスポンジを濡らしてこすれば簡単に消せる。

お着替えパジャマ
[P. 126-74]

子どもが自分で着替えやすいよう、ボタンが交互に色違いになっている。※季節によって生地や色が変わる

Column

自分でつくると片づけ意欲もアップ!

子どもでもできるラベルのつくりかた

何がどこに入っているか、ひと目でわかるラベル。P. 91からご登場いただいたかのさんは、ういちゃんが4歳の頃から、子ども向けのもののラベルを一緒につくり始めたといいます。自分でつくることで愛着がわくのか、ういちゃんも進んで片づけてくれるようになったのだとか。ここではかのさんが実践している、子どもでもできるラベルのつくりかたを紹介します。

用意するもの

- シールつきのクラフトペーパー
- クッキーの型（大きめのサイズがおすすめ）
- はさみ
- ペン

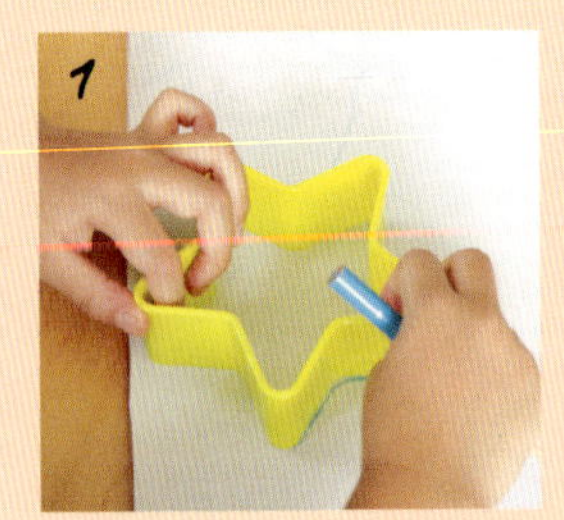

1 色つきのクラフトペーパーを裏返して、クッキーの型に沿ってペンで線を描く。

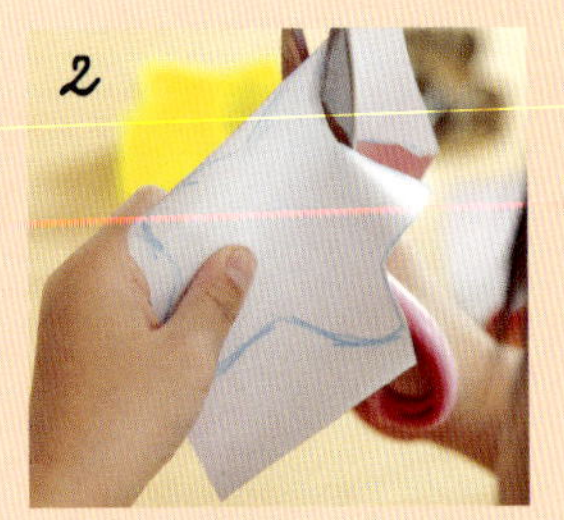

2 1で描いた線に沿って、はさみで切りぬく。

3 「星型にうまく切れたよ～」

4 クラフトペーパーを表にして、収納するものの名前をペンで書く。

絵や文字がかけない年齢なら、写真を貼ってもOK！

できあがり！

5 「かわいく書けたよ！」

6 シールの台紙をはがして、引き出しに貼る。

memo

クッキーの型がなければ、マスキングテープなどの外側を利用して丸くかたどったり、好きな形を描いてみてもかわいい！

「こんなときはどうしたらいいの？」に答えます

みんなのお悩み Q&A

子どもの人数や年齢差、住環境の違いなどで思うようにいかないのが
片づけや収納です。ここでは、吉川さんがセミナー受講生に
よく聞かれるというお悩みに答えます。

Q1

娘はなんでも収集するタイプ。スーパーボール、どんぐりなど次々集めています。このままでは、収納スペースがパンク状態に！　どんな工夫をすればよいでしょうか？
（4歳 女の子）

A
コレクタータイプの子には大切に管理することを教えましょう！

子どもに限らず、大人でもコレクタータイプはいます。集めること自体が好きだから、無理にものを減らしてもまたすぐに増えてしまう可能性も。そこで、減らすことにこだわらず、集めたものを大切に管理することを教えてみては？　ものがたくさんあってもすべて大事に扱って管理できているのならOKですが、集めっぱなしであとは雑に扱うのなら、最後まで責任を持つことを教えたいですね。

細かいものの収納には、ジッパーつきの袋が役立ちます。半透明なのでひと目で中身がわかり、子どもでも管理しやすいです。形が違う細かいものも、同じ収納用品でそろえるとしまいやすくなりますよ。

半透明なジッパーつきの袋なら、細ごましたものも収納できる。中身が見えるから管理もしやすくておすすめ。

Q2

2LDKのマンションに4人で住んでいます。狭いため、子どもと大人のスペースがごちゃごちゃです！上手に分ける、いいアイデアはありますか？

（8歳、6歳 男の子）

2部屋を人別か目的別に分けて役割を明確に！

各部屋がなんのためのスペースかをはっきり決めることがポイントです。2LDKの2部屋は、人別（子ども部屋／大人部屋）、目的別（寝る部屋／勉強・遊び・趣味などの部屋）の2種類の分け方が考えられます。割り当て方を決めたら、各部屋には関連するものだけを置きましょう。

部屋を大人と子どもに分ける時期の目安は、子どもが1人で寝られるようになったら。添い寝が必要な小さなお子さんなら、目的別に部屋を分けたほうが使い勝手がいいですが、6歳と8歳でしたらそろそろ子どもたちだけで寝てもいい頃です。子ども部屋として2人で1室使ってもいいかもしれませんね。

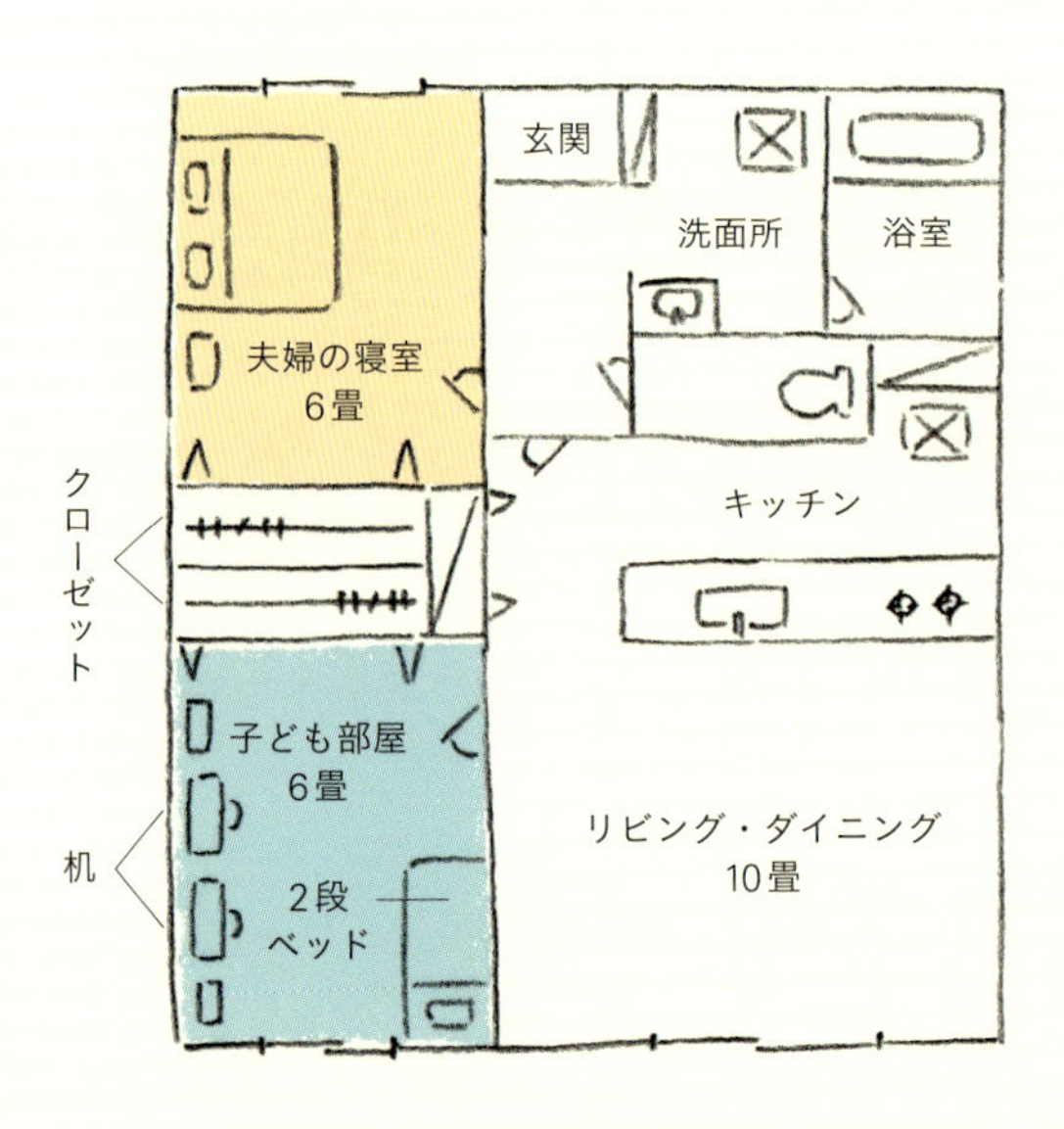

それぞれの部屋やエリアを、役割ごとにきっちり分けるのが大事。

Q3

ブロックや鉄道おもちゃなどで大作をつくる息子。「壊さないで！」と言われて、そのままになっています。片づけたいのですが、どうすればよいでしょうか？（7歳 男の子）

大作をつくるときは、親子でルールを決めてから始めましょう！

わが子が一生懸命つくった作品を壊すのは気が引けるところです。かといって普段の生活もあるので、そのままにはしておけません。可能なら「飾るスペース」を確保し、「飾るのはこのスペースに収まるものだけ」と親子でルールを決めましょう。

また、リビングなどで何日もかけてつくっている場合は、お子さんと話し合って「日曜日には片づけようね」などと、期限を決めるとよいです。その際、作品を壊す前に写真を撮るのがおすすめ。撮りためた写真をアルバムにまとめて、作品集をつくってあげると子どもも喜びます！

子どもにとってブロックなどの大作を壊されるのは一大事！　片づけるタイミングは子どもと一緒に決めるとよい。

わが家ではこうしてます！

ライフオーガナイザー　田中由美子さん

息子は3歳ですが、「片づけなければいけないタイミング」「何日間残してよいか」などのルールを話し合って決めています。大作をつくったら写真撮影。壊すときは豪快に！　「壊す楽しみ」を教えたら、子どもも楽しそうに壊すようになりました。

年齢差があり、性別も違う兄妹がいます。おもちゃや子どものものがどんどん増えていきますが、対処方法はありますか？

（10歳 男の子、5歳 女の子）

節目節目でものを見直し、収まるものだけ持つ習慣を！

空間には限りがありますから、節目節目でものの持ち方を見直したいですね。とくに上のお子さんは遊び中心の生活から、勉強やスポーツ、友だちとのつき合いなどが増え、おもちゃで遊ぶ時間も短くなってくる頃。そろそろ、持っているおもちゃを見直し、少しずつ手放していく時期です。もちろん、好きなものや大事なものまで処分しなければならないわけではありませんが、10歳は1つの目安となる年齢。思春期に入る準備として、いままで持っているおもちゃを一度じっくり見直してみてはいかがでしょうか。

わが家ではこうしてます！

整理収納コンサルタント　森山尚美さん

それぞれのスペースを確保し、しまえるものしかおもちゃは持てないというルールを決めています。そこからはみ出したらきちんと整理することを徹底。また、おもちゃを買うときには、兄妹ふたりで一緒に遊べたり、長く使えたりするものを選ぶようにしています。

森山さんの家では、リビングに置いてよいおもちゃは、それぞれこのボックスに収まるだけとルールを決めている。

Q5

幼稚園の支度が自分でできません。どのように収納すれば、うまく自分でできるようになるのでしょうか？もうすぐ小学生になるので心配です。

（6歳 男の子）

必要なアイテムを1か所に。一緒に練習することから始めましょう！

できれば1歩も動かずに身支度ができるよう、必要なものを1か所に集めましょう。そして、いつ何をすればよいか、何を持っていけばよいか、ボードなどを使って、ママが言わなくても子どもが見てわかるようなものをつくるのもおすすめです。子どもの習慣づけは、「仕組み＋声かけ」。仕組みをつくればすぐに自分でできる子もいますが、継続して行えるようになるにはやっぱり大人が声をかけることが必要です。根気よく声をかけていきましょう。「できない」ことばかりに目を向けると、親のストレスも大きくなります。「できた」ことをほめながら、長い目で見守りましょう。

わが家ではこうしてます！

整理収納アドバイザー　稲葉春奈さん

幼稚園アイテムを1か所に集め、各アイテムが交ざらないように仕切りで細かく分類しています。はじめのうちは何がどこに入っていて、どういう順番で取ればよいかを一緒に練習しました。それを繰り返すうちに、子ども一人でも身支度ができるようになりました。

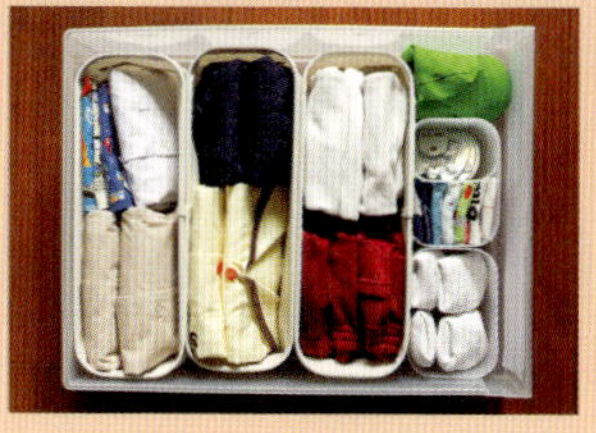

子どもが「自分でできる」工夫を大人がしてあげることが大事。毎日の繰り返しで、身支度も自分でできるようになってくる。

パパと一緒に

無印良品のスタンプサービスを体験してきました！

無印良品の店舗に、無料のスタンプサービスがあるのをご存じですか。ノートやアルバムなどの紙製品に、スタンプを自由に押してオリジナル文具をつくれるサービスです。商品を購入すれば1点につき1つギフト袋をもらえるので、オリジナルラッピングを楽しむのもおすすめ。今回はお母さんへのプレゼントを探していた親子に体験してもらいました！

体験したのは
ようたくんとパパ

今日はママのプレゼントを
買いに来ました

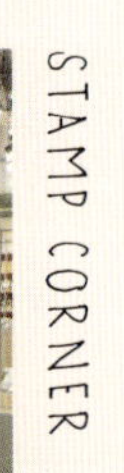

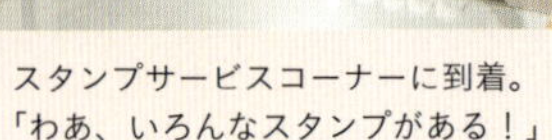

スタンプサービスコーナーに到着。
「わあ、いろんなスタンプがある！」

「ママはなにが喜ぶかなあ？」
パパと売り場を物色。最終的には生成りのエプロンに決定！

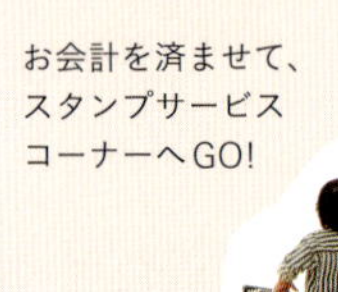

お会計を済ませて、
スタンプサービス
コーナーへGO!

自分用にノートも
買ってもらっちゃった！

ぺったん！

「どれにしようかな？」目移りするようたくん。置かれるスタンプの種類や数は、季節や店舗によって異なる。

＼できたよ～／

「ママ、喜んでくれるかな？」（※シールは購入時にレジでもらえる）

自分用のノートにもたくさん押せて大満足！（※中面だけでなく表紙にも押すことが可能）

今回ご協力いただいたお店

無印良品 有楽町

東京都千代田区丸の内3-8-3
インフォス有楽町1～3F
営業時間：10:00～21:00

「木育広場」は、木のぬくもりがあふれる遊び場。置かれているおもちゃも木製で、素足でくつろげる。全国の子ども用品売り場のある店舗を中心に、約30店舗に設置されている。

木育広場でも遊んできたよ

PROFILE
本書に協力していただいた方々

田中由美子

ライフオーガナイズとの出会いをキッカケに片づけ下手を克服。ウチカラスタッフとして活動中。横浜市在住。http://www.cobaccoworks.com/

森山尚美

SIMPLUS主宰。整理収納アドバイザー、親・子の片づけマスターインストラクターとして「整理収納からはじめるシンプルライフ」を提案。http://ameblo.jp/moriyamanaomi/

稲葉春奈

整理収納アドバイザー2級認定講師。つくば市でセミナーや講座を開催するとともに、テレビなどで活躍中。ブログで収納アイディアを配信。　http://inabaharuna.blogspot.jp/

小林尚子

整理収納アドバイザーとして、おうちサロン「koko's room」を主宰。自宅での整理収納講座のほか、テレビなどメディアでもアドバイザーとして活躍。　http://littlekoko.exblog.jp/

かのえつこ

atelier plus+主宰。パティシエ・ママ・ライフオーガナイザーの経験を活かし、収納レッスン・プランニングサービス・おやこでたのしむおやつ教室を開催。http://atelierplus2014.jimdo.com/

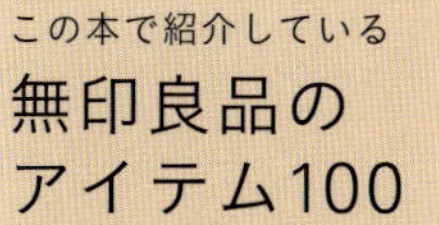

この本で紹介している

無印良品のアイテム100

合番／商品名
価格［紹介ページ］／サイズ

掲載されているもの以外に、サイズ・色・素材の展開がある商品もあります。詳細は無印良品のネットストア（http://www.muji.net/store/）等でご確認ください。

収納用品

① **ポリプロピレンケース・引出式・浅型・3段**
¥1,800［P. 55］
幅26×奥行37×高さ32.5cm

② **ポリプロピレンケース・引出式・深型**
¥1,000［P. 54］
幅26×奥行37×高さ17.5cm

③ **ポリプロピレンケース・引出式・深型・2個（仕切付）**
¥1,500［P. 54、82］
幅26×奥行37×高さ17.5cm

④ **ポリプロピレンケース・引出式ハーフ・深型・1個（仕切付）**
¥900［P. 82］
幅14×奥行37×高さ17.5cm

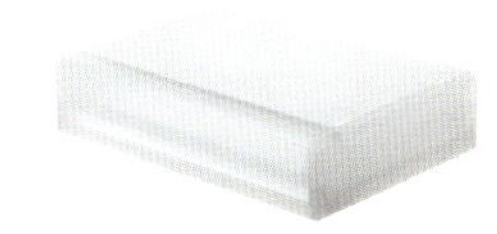

⑤ **ポリプロピレンケース・引出式・横ワイド・薄型**
¥900［P. 82］
幅37×奥行26×高さ9cm

⑥ **ポリプロピレンケース・引出式・横ワイド・薄型2個**
¥1,200［P. 82］
幅37×奥行26×高さ9cm

⑦ **ポリプロピレン収納ケース用キャスター（4個セット）**
¥400［P. 54、67］
幅3.5×奥行3.5×高さ6cm

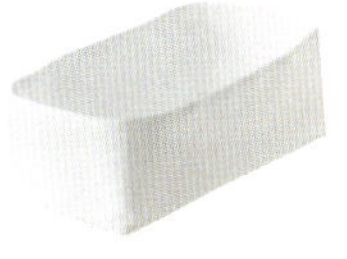

⑧ **ポリプロピレンケース用・不織布仕切ケース・中・2枚入**
¥500［P. 92］
幅16×奥行38×高さ12cm

⑨ **ポリプロピレンクローゼットケース・引出式・深**
¥1,800［P. 87］
幅44×奥行55×高さ30cm

⑩ **ポリプロピレンクローゼットケース・引出式・大**
¥1,500［P. 92］
幅44×奥行55×高さ24cm

⑪ **ポリプロピレンキャリーボックス・ロック付・小**
¥900［P. 30］
幅25.5×奥行37×高さ16.5cm

⑫ **ポリプロピレンキャリーボックス・小**
¥700［P. 73］
幅25.5×奥36×高16.5cm

⑬ **ポリプロピレンキャリーボックス・大**
¥1,000［P. 67］
幅36×奥51×高16.5cm

⑭ **ポリプロピレンスツール**
¥3,900［P. 59、83］
幅39（持ち手含）×奥行36×高さ39cm

⑮ **ポリプロピレン追加用ストッカー・浅型**
¥700 [P. 85]
幅18×奥行40×高さ11cm

⑯ **ポリプロピレン追加用ストッカー・深型**
¥1,200 [P. 85]
幅18×奥行40×高さ30.5cm

⑰ **ポリエステル綿麻混・ソフトボックス・角型・小**
¥1,200 [P. 52、53]
幅35×奥行35×高さ16cm

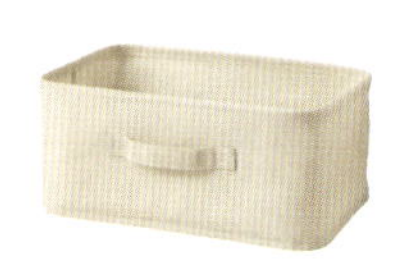

⑱ **ポリエステル綿麻混・ソフトボックス・長方形・小**
¥1,000 [P. 53]
幅37×奥行26×高さ16cm

⑲ **ポリエステル綿麻混・ソフトボックス・長方形・大**
¥1,400 [P. 71]
幅37×奥行26×高さ34cm

⑳ **ポリエステル綿麻混・ソフトボックス・フタ式・L**
¥2,000 [P. 87]
幅35×奥行35×高さ32cm

㉑ **ポリエステル綿麻混・ソフトボックス・浅型・ハーフ**
¥700 [P. 77]
幅13×奥行37×高さ12cm

㉒ **重なるラタン長方形バスケット・小**
¥2,600 [P. 43、62、77、89]
幅36×奥行26×高さ12cm

㉓ **重なるラタン長方形バスケット・中**
¥2,900 [P. 83]
幅36×奥行26×高さ16cm

㉔ **重なるラタン長方形バスケット・大**
¥3,600 [P. 66]
幅36×奥行26×高さ24cm

㉕ **重なるラタン長方形ランドリーバスケット・フタ付**
¥5,500 [P. 81]
幅36×奥行26×高さ32cm

㉖ **重なるラタン長方形ボックス・フタ付**
¥2,500 [P. 64]
幅26×奥行18×高さ16cm

㉗ **ラタンボックス取っ手付スタッカブル**
¥1,500 [P. 89]
幅15×奥行22×高さ9cm

㉘ **重なるブリ材長方形バスケット・小**
¥1,000 [P. 30、61、65]
幅37×奥行26×高さ12cm

㉙ **重なるブリ材長方形バスケット・中**
¥1,200 [P. 66]
幅37×奥行26×高さ16cm

(40) **パルプボード・引出式・4段**
¥3,900 [P. 37]
幅37×奥行27.5×高さ37cm

(41) **壁に付けられる家具・長押・幅44cm・オーク材**
¥1,900 [P. 55]
幅44×奥行4×高さ9cm

(42) **壁に付けられる家具・フック・オーク材**
¥900 [P. 34、73]
幅4×奥行6×高さ8cm

(43) **壁に付けられる家具・棚・幅44cm・オーク材**
¥2,500 [P. 66]
幅44×奥行12×高さ10cm

(44) **パイン材ユニットシェルフ・58cm幅・小**
¥8,000 [P. 30、42]
幅58×奥行39.5×高さ83cm

(35) **スタッキングシェルフセット・3段×2列・オーク材**
¥27,000 [P. 30]
幅82×奥行28.5×高さ121cm

(36) **スタッキングシェルフセット・3段×3列・オーク材**
¥40,000 [P. 30]
幅122×奥行28.5×高さ121cm

(37) **スタッキングチェスト・引出し・2段・オーク材**
¥7,000 [P. 30]
幅37×奥行28×高さ37cm

(38) **スタッキングチェスト・引出し・4段・オーク材**
¥8,000 [P. 30]
幅37×奥行28×高さ37cm

(39) **スタッキングシェルフ用扉・アクリル　1枚**
¥3,500 [P. 30]

(30) **重なるブリ材長方形バスケット・大**
¥1,700 [P. 30]
幅37×奥行26×高さ24cm

(31) **18-8ステンレスワイヤーバスケット1**
¥1,700 [P. 85]
幅26×奥行18×高さ18cm

(32) **18-8ステンレスワイヤーバスケット3**
¥2,300 [P. 68、85]
幅37×奥行26×高さ12cm

(33) **18-8ステンレスワイヤーバスケット6**
¥3,900 [P. 53、86]
幅51×奥行37×高さ18cm

収納家具

(34) **スタッキングシェルフセット・5段×2列・ウォールナット材**
¥37,000 [P. 71]
幅82×奥行28.5×高さ200cm

(55) **MDF小物収納1段**
¥2,000 [P. 89]
幅25.2x奥行17x高さ8.4cm

(56) **MDF小物収納3段**
¥2,500 [P. 89]
幅8.4×奥行17×高さ25.2cm

(57) **MDF小物収納6段**
¥3,000 [P. 89]
幅8.4×奥行17×高さ25.2cm

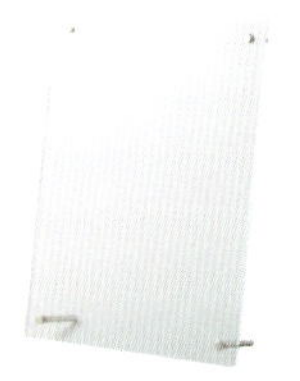

(58) **アクリルフレーム・1 A4サイズ用**
¥1,400 [P. 38]
フレーム外寸：35×26cm

文房具

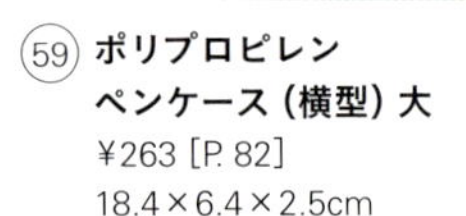

(59) **ポリプロピレン ペンケース（横型）大**
¥263 [P. 82]
18.4×6.4×2.5cm

(50) **ポリプロピレン 収納キャリーボックス・ワイド**
¥1,000 [P. 79]
幅15×奥行32×高さ8cm

(51) **ポリプロピレン 小物収納 ボックス6段・A4タテ**
¥2,500
[P. 64]
幅11×奥行24.5×高さ32cm

(52) **ポリプロピレンスタンドファイルボックス・A4用・ホワイトグレー**
¥700 [P. 54、56]
幅10×奥行27.6×高さ31.8cm

(53) **ポリプロピレンスタンドファイルボックス・A4用**
¥700 [P. 85]
幅10×奥行27.6×高さ31.8cm

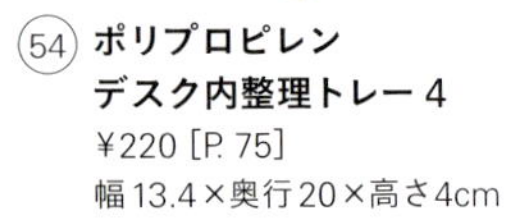

(54) **ポリプロピレン デスク内整理トレー4**
¥220 [P. 75]
幅13.4×奥行20×高さ4cm

(45) **ステンレスユニットシェルフ・オーク材棚セット・ワイド・小**
¥22,000 [P. 67]
幅86×奥行41×高さ83cm

小物収納用品

(46) **アクリル仕切りスタンド・3仕切り**
¥1,500 [P. 56]
幅26.8×奥行21×高さ16cm

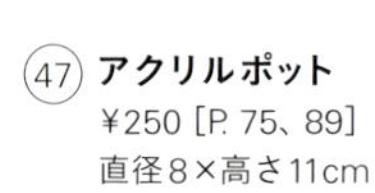

(47) **アクリルポット**
¥250 [P. 75、89]
直径8×高さ11cm

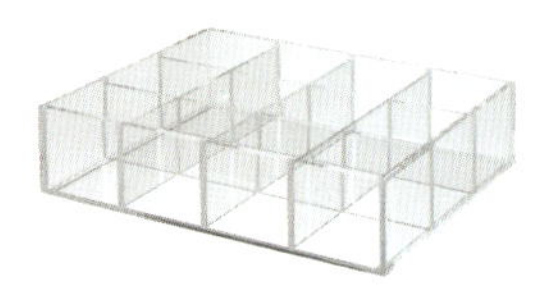

(48) **重なるアクリル仕切付ボックス**
¥1,800 [P. 79]
幅25.8×奥行17.5×高さ6.1cm

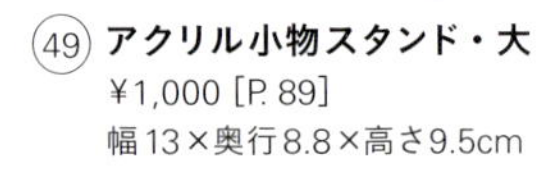

(49) **アクリル小物スタンド・大**
¥1,000 [P. 89]
幅13×奥行8.8×高さ9.5cm

(69) **こども食器・磁器碗・中**
¥450 [P. 109]
直径11×高さ6cm

(70) **こども食器・磁器碗・大**
¥550 [P. 109]
直径13×高さ7cm

(71) **落ちワタふきん 12枚組 縁カラー付**
¥500 [P. 94]
40×40cm

子ども用品・家具

(72) **パイン材収納BOX・キャスター付き**
¥4,000 [P. 54、57]
幅35×奥行35×高31cm（キャスター含む）

(73) **おにぎりポーチ 2個用・赤×ボーダー**
¥1,000 [P. 99]
9.5×10.5×9cm

キッチン用品・食器

(64) **ポリプロピレン 整理ボックス3**
¥200 [P. 82]
幅17×奥行25.5×高さ5cm

(65) **アルミフック マグネットタイプ 小・3個**
¥400 [P. 59]
※耐荷重約300g

(66) **マグネット付クリップ**
¥300 [P. 59]
直径4cm※耐荷重約20g

(67) **こども食器・磁器・仕切皿**
¥1,500 [P. 95]
直径21×高さ3.2cm

(68) **こども食器・磁器碗・小**
¥350 [P. 109]
直径9.5×高さ5cm

(60) **再生紙バインダー（A4・30穴・ダークグレー）**
¥450 [P. 107]
縦31.4×横52.3cm

(61) **リフィールクリアポケット（A4・30穴・15枚入）**
¥263 [P. 107]

(62) **ポリプロピレンクリアケース A4用・10枚入**
¥294 [P. 59]

メイクアップ用品

(63) **ポリプロピレンメイクボックス・1/2横ハーフ**
¥200 [P. 64]
幅15×奥行11×高さ8.6cm

ポーチ・小分け容器

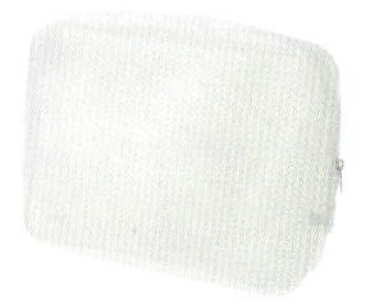

(83) **EVAポーチ・大**
¥840 [P. 65]
縦17.5×横23×厚さ5.5cm

(84) **EVAケース・ファスナー付 A5**
¥116 [P. 68]
縦18.5×横26.5cm

バス・トイレ用品

(85) **オーガニックコットン混 その次があるやわらか フェイスタオル/オフ白**
¥700 [P. 97]
34×85cm

掃除・洗濯用品

(86) **掃除用品システム・アルミ伸縮式ポール**
¥390 [P. 97]
直径2.5×
長さ68〜116cm

(79) **じぶんでつくる楽器・紙のたいこ**
¥1,700 [P. 105]

(80) **はじめての楽器・ミニシロホン**
¥4,900 [P. 105]
縦18.2×横26.4cm

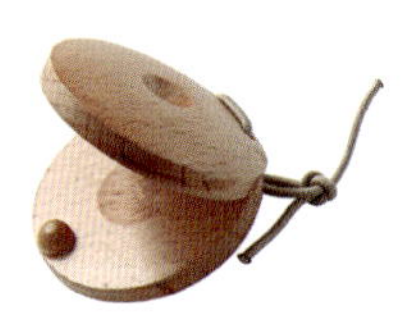

(81) **はじめての楽器・カスタネット**
¥900 [P. 105]

デスク・チェア

(82) **無垢材デスク(引出付)・オーク材**
¥25,000 [P. 41]
幅110×奥行55×高さ70cm

無垢材デスクキャビネット(引出2段)・オーク材
¥14,900 [P. 41]
幅35×奥行48×高さ56cm

(74) **お着替えパジャマ**
※季節によって生地や色が変わる
[P. 111]

(75) **水でぬらして貼るおふろポスター・らくがき(B3サイズ)**
¥1,000 [P. 111]

(76) **おふろポスター用おえかきセット(3色セット・スポンジ付)**
¥1,000 [P. 111]

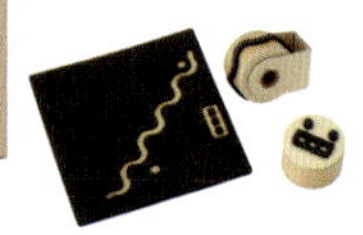

(77) **じぶんでつくる紙のスタンプキット(ローラースタンプ1個・ハンドスタンプ2個)**
¥1,300 [P. 101]

(78) **ぬれタオルで簡単におとせるクレヨン 12色**
¥500 [P. 105]

インテリア用品

(97) **ブナ材コートスタンド**
¥6,300 [P. 99]
幅48×奥行42×
高さ173.5cm

(98) **壁にかけられる観葉植物**
¥3,900 [P. 101]
16×16cm

製菓材料

(99) **自分でつくる 米粉のパンケーキ 150g（3枚分）**
¥250 [P. 103]

ボディケア・入浴剤

(100) **入浴剤用詰替ジャー 385ml**
¥300 [P. 66]

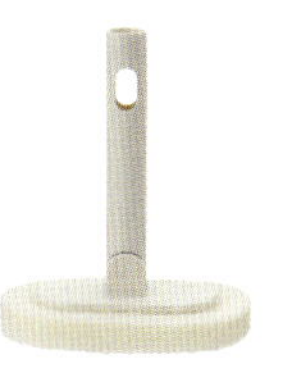

(92) **掃除用品システム・バス用スポンジ**
¥390 [P. 97]
幅15×奥行10×高さ17cm

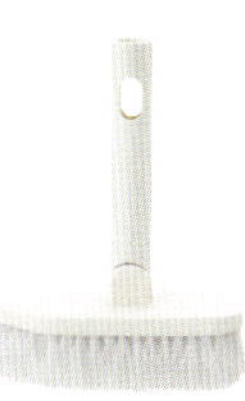

(93) **掃除用品システム・ブラシ**
¥390 [P. 97]
幅15×奥行7×高さ20cm

(94) **掃除用品システム・フローリングモップ用モップ／ドライ**
¥490 [P. 97]
幅29×奥行16×厚さ2.5cm

(95) **掃除用品システム・軽量ショートポール**
¥190 [P. 97]
直径2×長さ58cm

(96) **アルミ洗濯用ハンガー・肩ひもタイプ・3本組**
¥350 [P. 87]

(87) **掃除用品システム・ほうき**
¥490 [P. 97]
幅22×奥行3×高さ23cm

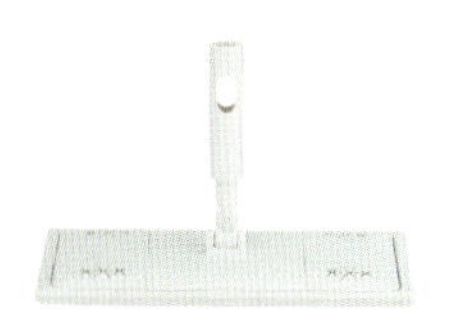

(88) **掃除用品システム・フローリングモップ**
¥490 [P. 97]
幅25×奥行10×高さ16cm

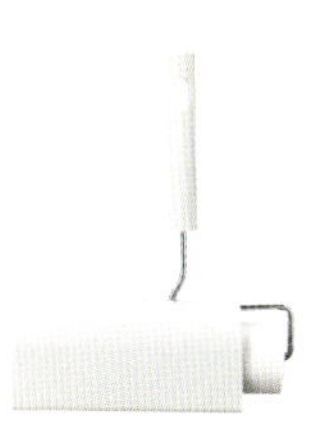

(89) **掃除用品システム・カーペットクリーナー**
¥390 [P. 97]
幅18.5×奥行7.5×高さ27.5cm

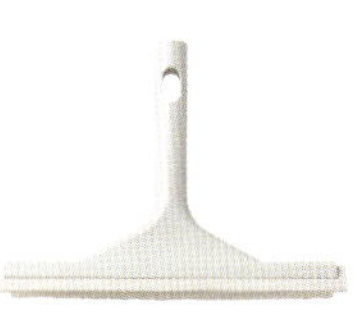

(90) **掃除用品システム・スキージー**
¥550 [P. 97]
幅24×奥行7×高さ18cm

(91) **掃除用品システム・マイクロファイバーハンディモップ**
¥790 [P. 97]
全長約42cm

吉川圭子

マスターライフオーガナイザー。
「片づけは老若男女問わず必要なスキル」をコンセプトに、2010年より個人宅の整理収納サービスを提供。
片づけ大賞2015審査員特別賞受賞。

ブログ「整理収納手帖」
http://shuunote.exblog.jp/

編　集　スタジオダンク、大勝きみこ
ライター　相川未佳（P. 50～90）、大勝きみこ
撮　影　田辺エリ、奥村暢欣（スタジオダンク）
イラスト　みやしたゆみ
デザイン　八木孝枝（スタジオダンク）

＊掲載情報は、2015年11月に確認したものです。商品の価格や仕様などは、変更になる場合があります。
＊商品の詳細は、無印良品のホームページをご確認ください（http://www.muji.com/）。
＊商品に記載している価格は、すべて税込です。
＊価格や仕様に関する情報を掲載していないアイテムは、撮影に協力していただいた方の私物です。現在、入手できない無印良品の商品が含まれている場合があります。

上記をあらかじめご了承いただき、各商品の注意事項をお確かめの上、子ども空間づくりを楽しんでください。

片づけが楽しくなる
無印良品でつくる子ども空間

初版発行　2015年12月

監　修　吉川 圭子

発行所　株式会社 金の星社
〒111-0056 東京都台東区小島 1-4-3
電話 03-3861-1861（代表）
FAX 03-3861-1507
振替 00100-0-64678
http://www.kinnohoshi.co.jp

印刷・製本　図書印刷 株式会社

128P　21.0cm　NDC379　ISBN978-4-323-07340-8